말맛이 살고 글맛이 좋아지는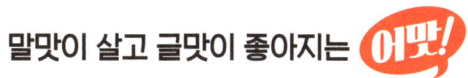

EBS 초등

글 배정진 | 그림 나인완

EBS BOOKS

어렵게 생각했던 뉴스, 어휘를 알고 제대로 맛봐요!

 우리는 밥 먹고 잠자는 것처럼 일상에서 날마다 뉴스를 접해요. 뉴스를 보며 정부가 발표한 새로운 정책이 뭔지, 밤사이 어떤 사건과 사고가 있었는지 알게 돼요. 일기 예보를 확인하고 우산을 챙길지 겉옷을 입을지 결정하고요.

뉴스는 영어 'news'가 그대로 굳어진 외래어예요. 좁게는 '새 소식을 전하는 방송 프로그램'을 가리키는 말이고, 넓게는 '처음으로 공개되는 새로운 소식'까지 포함해요. 텔레비전 방송뿐만 아니라 신문, 인터넷, 개인 방송 등 다양한 매체에서 매일매일 쏟아지는 새 소식이 전부 뉴스랍니다.

뉴스는 사람들에게 중요하게 알릴 소식이나 관심을 끌 만한 사건, 유용한 정보 등을 빠르고 정확하게 전해요. 그래서 다루는 분야가 정치·경제·문화·사회·예술·기술 등 다방면이에요. 또 우리나라뿐만 아니라 세계 곳곳에서 일어나는 일들을 시시각각 전달해요. 우리는 이 소식들을 통해 사람들의 생활 방식과 가치관을 알고, 여러 분야의 최신 정보를 얻어서 일과 공부에 활용해요. 살아가는 데 필요한 상식과 교양을 배우기도 하고요.

　이렇듯 뉴스는 우리 생활 전반과 밀접하게 연결돼 있어요. 그런데 이상한 점은 뉴스가 어렵다고 느낄 때가 많다는 거예요. 분명히 새롭고 흥미로운 소식을 알리는데 왜 이해하기 어려울까요? 그건 바로 어휘에 있어요. 뉴스는 여러 분야의 소식을 알리다 보니, 한자어와 외래어, 전문 용어 들을 자주 써요. 자막이나 머리기사로 핵심 내용을 빠르게 전달해야 해서 요약되거나 압축된 표현도 많고요. 기초 어휘가 부족하면 이해하기 쉽지 않아요.

　《어맛! 뉴스 어휘 맛집》은 뉴스에서 자주 나오는 어휘와 표현을 정리하여, 어린이들이 좀 더 쉽고 재미있게 이해할 수 있도록 했어요. 정치와 경제, 사회와 관련된 어휘뿐만 아니라 흥미를 느낄 만한 연예와 스포츠, 날씨에 나오는 어휘도 추렸어요. 더불어 최근 주목받고 있는 IT 기술 분야의 어휘도 맛볼 수 있도록 했어요. 천천히 여러 분야의 어휘들을 익히다 보면, 어느 순간 뉴스가 이해되고 지식과 상식이 풍부해질 거예요. 뉴스가 어른들의 일이라거나 재미없다고 생각하는 친구들이라면, 이번 기회에 고정관념을 깨 보세요. 세상 돌아가는 일에 관심을 가지면 더 큰 즐거움이 생긴답니다.

1장 정치의 맛

타협의 중요성…10
출마 선언…14
꼼수가 아니야…18
극단적 차림새…22
다수결로도 안 돼…26
가로세로 십자말풀이❶…30

2장 경제의 맛

대출 사기…34
사재기는 안 돼!…38
부모님의 재테크…42
결제는 누가?…46
자산가 되는 법…50
가로세로 십자말풀이❷…54

3장 사건 사고의 맛

뺑소니의 대가…58
화재가 난 경위…62
비대면 시대…66
딱지 절도 사건…70
익명의 기부자…74
가로세로 십자말풀이❸…78

4장 연예 문화의 맛

연애의 진실…82
한류 스타는 누구?…86
교양 방송의 묘미…90
잠적의 이유…94
실시간 투표 결과…98
가로세로 십자말풀이❹…102

5장 스포츠의 맛

성적 지상주의…106
실점 만회?…110
영구 결번 선수…114
신기록 경신…118
허점을 노리다…122
가로세로 십자말풀이 ❺…126

7장 IT 기술의 맛

먹통과 혼선…154
메타버스 세상…158
증강 현실 속 강아지…162
스팸 문자를 받다…166
융합하는 기술…170
가로세로 십자말풀이 ❼…174

★ 십자말풀이 정답…176
★ 뉴스 어휘 찾아보기…178

6장 날씨의 맛

악천후 뒤에…130
불쾌지수 낮추는 법…134
기상 특보 뜨다…138
꽃샘추위 때문에…142
미세 먼지와 등산…146
가로세로 십자말풀이 ❻…150

 시리즈는?

어휘력이 좋으면 공부가 재미있어지고, 말솜씨와 글솜씨 모두 좋아져요.
〈EBS 초등 어맛 시리즈〉는 재미있는 어휘 뜻풀이와 문장 활용을 통해
어린이들의 표현력과 문장력을 길러 줄 거예요.
맛있는 음식을 먹고 기분이 좋아지는 것처럼, 다양한 어휘와 표현을 맛보면서
풍요로운 언어생활을 즐겨 보세요.

등장인물

시연

5학년. 다연의 쌍둥이 언니로 똑똑하다. 차분한 성격에 조금 고지식한 면도 있다. 동생보다 3시간 먼저 태어났지만 제법 언니답다. 돈을 잘 안 쓰고 모으는 구두쇠 스타일이다.

다연

시연의 쌍둥이 동생. 당찬 성격에 언니가 하는 건 뭐든지 따라 하고 싶어 한다. 엉뚱한 장난을 잘 치지만 운동을 잘하고 리더십이 있다. 자존감이 무척 높다.

유준

시연, 다연의 같은 반 친구이자 이웃사촌. 또래보다 덩치가 크고 힘이 센 편이지만, 마음은 여린 순둥이 스타일이다. 쌍둥이에게 골탕 먹는 일이 많지만, 소심하게 복수하곤 한다.

몰랑이

쌍둥이네랑 사는 반려견. 허구한 날 티격태격하는 쌍둥이를 한심하게 생각하는 듯하다. 인간이 먹는 간식을 탐낼 때가 많은데 먹는 걸 성공한 적이 한 번도 없다.

유준네 부모님

유준의 성적표나 생활 태도를 보고 가슴을 치는 일이 많지만, 그렇다고 엄청 혼내지는 않는다. 아들과 함께 운동을 하고 싶어 한다.

쌍둥이네 부모님

텃밭 가꾸는 게 취미이다. 아빠는 귀가 꽤 얇은 편이고, 몰랑이에게 부담스러울 정도로 애정을 준다. 엄마는 덤덤한 성격에 쌍둥이 딸들의 개성을 존중해 준다.

타협의 중요성

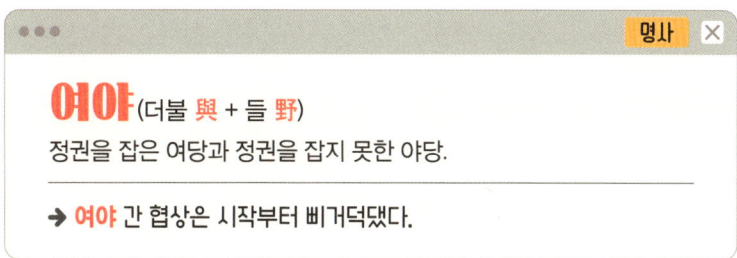

대통령을 중심으로 나라를 운영하는 대통령제 국가에서는 대통령이 속한 당을 '여당' 또는 '정부당'이라고 하고, 그렇지 않은 정당을 '야당' 또는 '재야당'이라고 해요.

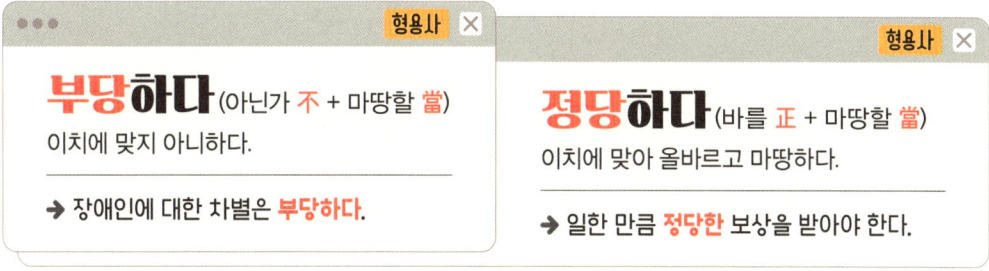

'정당하다'와 '부당하다'는 서로 반대 관계예요. 이치에 맞느냐 맞지 않느냐의 뜻이니까요. 그런데 '정정당당하다'의 반대말은 '부부당당하다'가 아니에요. '떳떳하지 못하고 겁이 많다'의 '비겁하다', '행동이 상스럽고 교활하다'의 뜻을 가진 '야비하다'랍니다.

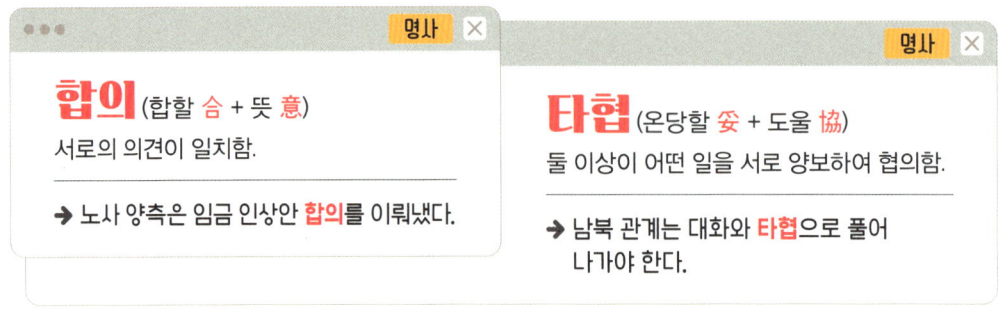

'타협'은 '합의'에 이르는 과정이에요. 서로 여러 생각을 나누면서 양보할 건 양보하여 의견을 하나로 만드는 것이니까요. 비슷한 말로는 '어떤 일을 의논하여 잘 조정함'의 뜻을 가진 '교섭'이 있어요.

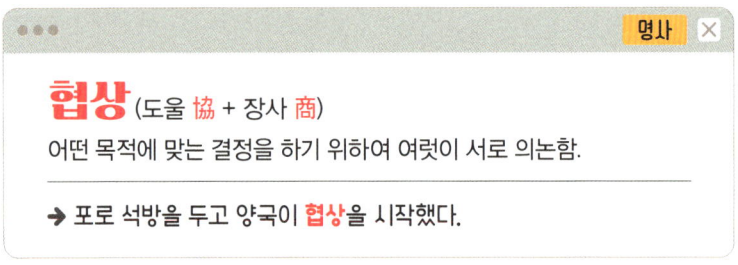

'협상'은 타협을 전제로 해결점을 찾고 협의하는 거예요. 또 '둘 이상의 나라에서 외교적 문제를 놓고 방법을 찾아 합의하는 것'도 협상이라고 해요.

어맛! 말맛 살리는 뉴스 어휘 퀴즈

※ 아래 빈칸에 어울리는 말을 고르세요.

❶ 토론은 결론을 내리지 못하고 ☐☐☐☐ 끝났다.

힌트 1 '확실하게 하지 못하고 흐리멍덩하게 넘어가거나 넘기는 모양'을 말해요.
힌트 2 '남을 꺼려 우물쭈물 얼버무려 넘긴다'는 뜻의 '휘지비지(諱之秘之)'가 변한 말이에요.

① 말랑말랑 ② 명명백백 ③ 흐지부지

❷ 협상이 끝나자마자 통 큰 양보를 하기로 ☐☐ 발표했다.

힌트 1 '번개같이 급작스럽게 들이치는 것'을 말해요.
힌트 2 연예인의 갑작스러운 은퇴 발표 때 기사 제목으로 자주 쓰이곤 하지요.

① 전격
② 진작
③ 벌써

출마 선언

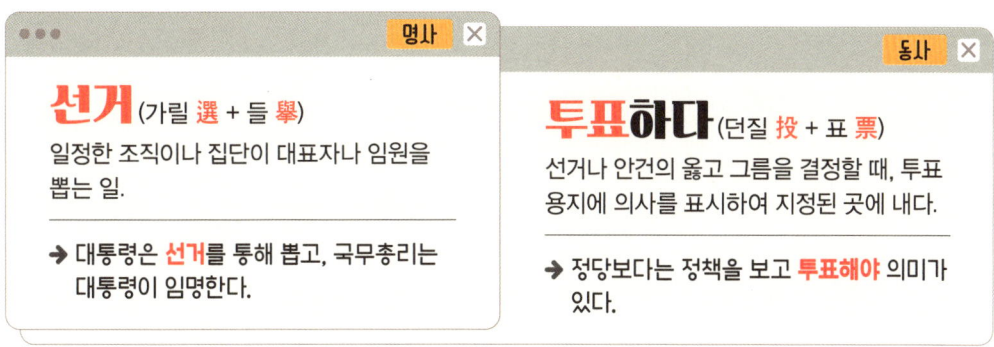

'선거'는 사람을 뽑는 일이고, '투표'는 자신이 지지하는 사람이나 주장에 표를 던져서 의사를 표시하는 거예요. 민주주의 사회에서는 선거로 대표자를 가리는데, 이때 투표를 통해 자신의 권리를 행사해요.

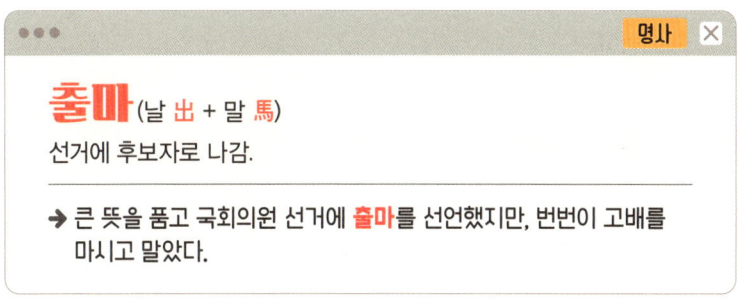

이 말은 본래 '말을 타고 전쟁터에 나감'의 뜻이었으나 오늘날에는 선거에 나가는 걸 말해요. 비슷한 말로는 '입후보'가 있어요. '선거에 나가지 않는 것'을 가리켜 '불출마'라고 해요.

15

 이런 뜻이 있어요

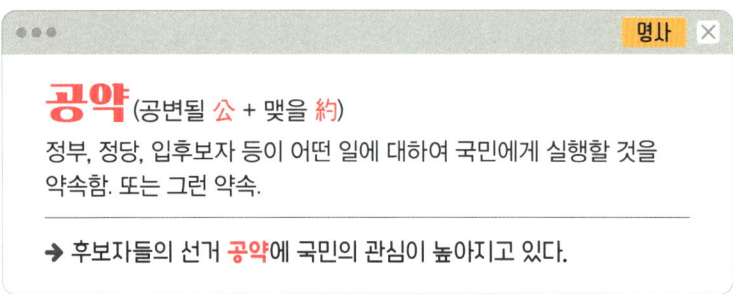

공약 (공변될 公 + 맺을 約) — 명사
정부, 정당, 입후보자 등이 어떤 일에 대하여 국민에게 실행할 것을 약속함. 또는 그런 약속.
→ 후보자들의 선거 **공약**에 국민의 관심이 높아지고 있다.

'공약'은 후보자가 나라나 단체를 위해 정책을 만들고 실천하고자 하는 '공적인 약속'이에요. 선거권을 가진 사람들은 공약을 보고 후보자에게 투표해요. 하지만 선거에서 이길 목적으로 가능성이 없는 '헛공약'을 내세우는 건 경계해야 해요.

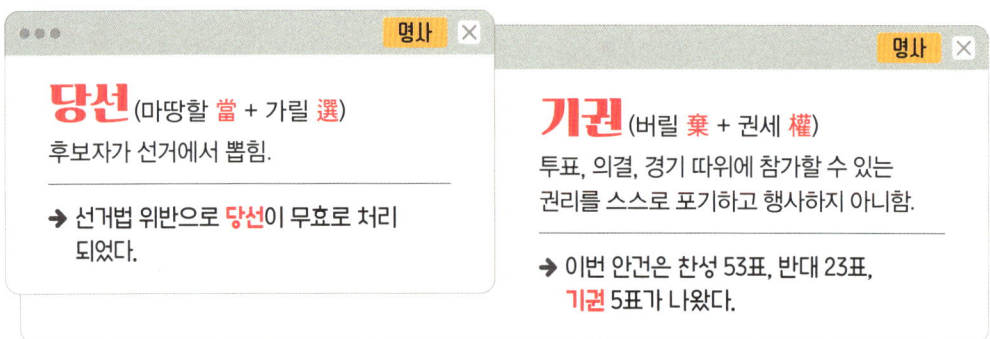

당선 (마땅할 當 + 가릴 選) — 명사
후보자가 선거에서 뽑힘.
→ 선거법 위반으로 **당선**이 무효로 처리되었다.

기권 (버릴 棄 + 권세 權) — 명사
투표, 의결, 경기 따위에 참가할 수 있는 권리를 스스로 포기하고 행사하지 아니함.
→ 이번 안건은 찬성 53표, 반대 23표, **기권** 5표가 나왔다.

'당선'은 '응모한 글이나 그림이 심사에서 좋은 점수를 받아 뽑힘'이라는 뜻의 '입선'과도 통해요. 반대말은 '선거에서 떨어지거나 심사에서 뽑히지 못함'을 뜻하는 '낙선'이에요.

투표 등에서 자신의 권리를 행사하지 않거나, 승부에서 여러 이유로 겨루기를 포기하는 경우도 '기권'이라고 해요.

유준이, 넌 누구 뽑을 거야?

난 기권...

어맛! 말맛 살리는 뉴스 어휘 퀴즈

※ 아래 빈칸에 어울리는 말을 고르세요.

❶ 후보들은 저마다 ☐☐☐ 들에게 지지를 호소했다.

힌트 1 '선거할 권리를 가진 사람'이란 뜻이에요.
힌트 2 우리나라에서는 만 18세 이상이 되면 투표에 참여할 수 있어요.

① 유권자
② 어린이
③ 외국인

❷ 각 당은 ☐☐ 을 통해 후보자를 확정했다.

힌트 1 '둘 이상의 후보가 경쟁하는 선거'를 말해요.
힌트 2 한 정당에서 본격적인 선거에 들어가기 전, 그 정당을 대표하는 후보를 가리기 위해 하는 선거예요.

① 경영
② 경험
③ 경선

정답 ❶ ① ❷ ③

꼼수가 아니야

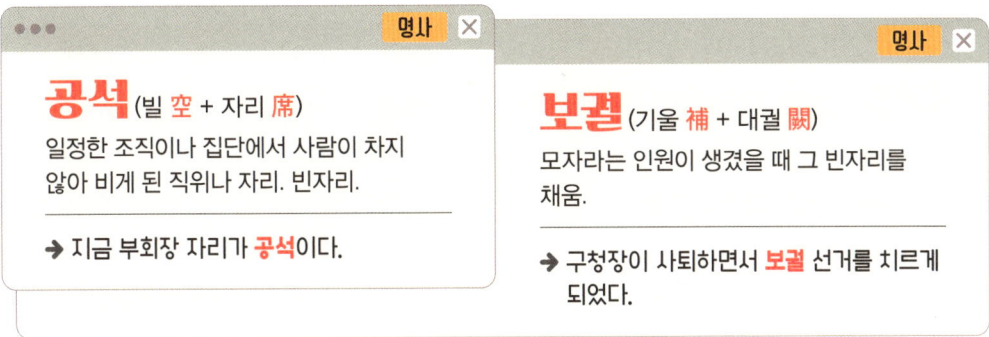

의원의 임기 중에 사망, 사퇴, 실형 등으로 빈자리가 생겨서 다시 치르는 선거를 '보궐 선거'라고 해요. 반면 선거 자체에 문제가 생겨 다시 치르는 선거는 '재선거'라고 해요. 둘을 합쳐서 '재보궐 선거'라고 불러요.

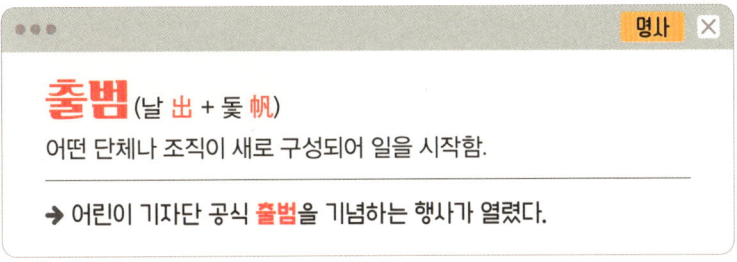

본래는 '배가 항구를 떠남'의 뜻이에요. 배가 항구를 떠나 대양으로 나가는 건 새로운 시작을 의미하기도 해요. 그래서 새로운 정부가 구성되거나 단체가 일을 시작할 때 '출범'이란 말을 써요.

 이런 뜻이 있어요

꼼수 [명사]
시시하고 치사한 수단이나 방법.

→ 선거철이 되면 지키지 못할 공약을 내거는 **꼼수**가 판을 친다.

뇌물 (뇌물 줄 賂 + 만물 物) [명사]
어떤 직위에 있는 사람에게 사사로운 일을 부탁하면서 넌지시 건네는 부정한 돈이나 물건.

→ 요즘 같은 세상에도 **뇌물**을 받는 사람이 있어?

'수'는 '어떤 일을 해결하는 방법'을 가리키는 순우리말로, 이 수 가운데서도 수준이 낮고 쩨쩨한 방법을 '꼼수'라고 해요.

어떤 이득을 얻을 목적으로 그와 관련한 일을 하는 사람에게 뒤로 슬쩍 건네는 돈이나 물건이에요. 정당하지 못한 방법이지요.

허위 (빌 虛 + 거짓 僞) [명사]
진실이 아닌 것을 진실처럼 꾸민 것.

→ 후보의 경력이 **허위**였음이 밝혀졌다.

비슷한 말로는 '가짜', '거짓', '엉터리'가 있어요. 또 철학 용어 중에서 상대편의 생각에 혼란을 주기 위해 거짓을 참인 것처럼 보이게 만드는 '궤변'도 비슷한 의미가 있어요.

어맛! 말맛 살리는 뉴스 어휘 퀴즈

※ 아래 빈칸에 어울리는 말을 고르세요.

❶ 폭로가 이어지며 두 당 간의 갈등이 ☐☐☐☐☐ 으로 번졌다.

- 힌트 1 '옳지 못한 방법으로 지저분하게 싸우는 일'을 이르는 말이에요.
- 힌트 2 '진흙탕에서 싸우는 개'라는 뜻의 사자성어 '이전투구(泥田鬪狗)'와 뜻이 통해요.

① 공정한 싸움
② 진흙탕 싸움
③ 오징어 게임

❷ 뇌물 수수 ☐☐ 은 모두 사실로 드러났다.

- 힌트 1 '의심하여 수상히 여김. 또는 그런 마음'을 뜻해요.
- 힌트 2 비슷한 말로 '의심', '의문'이 있어요.

① 의혹
② 정답
③ 깡깡

극단적 차림새

명사/관형사

보수적
(보전할 保 + 지킬 守 + 과녁 的)
새로운 것이나 변화를 적극 받아들이기보다 전통적인 것을 지키려는, 또는 그러한 것.

➔ **보수적**인 태도 때문에 표심을 잃었다.

명사/관형사

진보적
(나아갈 進 + 걸음 步 + 과녁 的)
당대 사회의 변화와 발전을 추구하는, 또는 그러한 것.

➔ 야당의 **진보적**인 행보에 국민이 환호했다.

'보수'는 '보존하여 지킴'이란 뜻이 있어, '옛 제도나 풍습을 그대로 지키고 따름'이란 뜻의 '수구'와도 통해요. 정치에서는 변화보다는 기존의 것을 지키려는 성향이 더 강하지요.

'진보'는 '정도의 수준이 차츰 향상하여 감'을 뜻해요. 이때의 반대말은 '퇴보'예요. 정치에서는 '사회의 개혁과 변화를 추구하는 경향'을 말해요. 보수와 반대 성향이에요.

명사/관형사

극단적
(지극할 極 + 바를 端 + 과녁 的)
생각이나 행동이 균형을 잃고 한쪽으로 몹시 치우친, 또는 그러한 것.

➔ 궁지에 몰린 그는 야반도주라는 **극단적** 선택을 했다.

이 말은 본래 '어떤 상황이나 상태가 끝까지 가서 더 나아갈 데가 없는 것'을 말해요. 그런 상태가 되면 판단력이 흐려지고 한쪽으로 치우칠 수밖에 없어요.

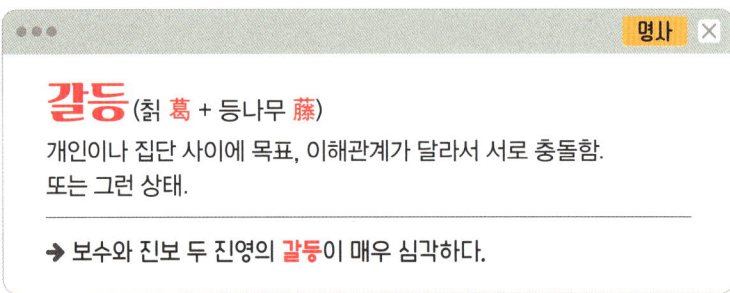

명사

갈등 (칡 葛 + 등나무 藤)
개인이나 집단 사이에 목표, 이해관계가 달라서 서로 충돌함. 또는 그런 상태.

→ 보수와 진보 두 진영의 **갈등**이 매우 심각하다.

본래 '칡과 등나무'라는 뜻으로, 둘이 서로 복잡하게 얽혀 있는 상태를 말해요. 그만큼 대립하고 충돌한다는 이야기예요. 심리적으로는 '마음속에서 여러 의지가 갈피를 못 잡고 괴로워하는 것'을 나타내요. 또 문학 속에서는 '등장인물이 여러 가지 요소와 대립하는 상황'을 뜻해요.

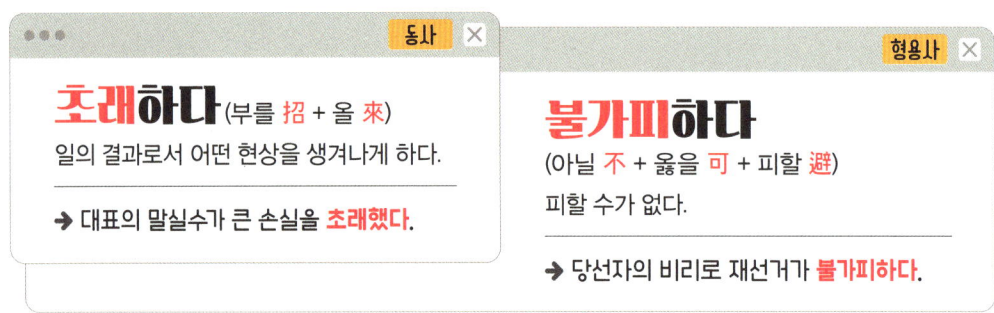

동사

초래하다 (부를 招 + 올 來)
일의 결과로서 어떤 현상을 생겨나게 하다.

→ 대표의 말실수가 큰 손실을 **초래했다**.

형용사

불가피하다
(아닐 不 + 옳을 可 + 피할 避)
피할 수가 없다.

→ 당선자의 비리로 재선거가 **불가피하다**.

어떤 일이 결과를 불러오는 거예요. 비슷한 말로는 '어떤 결과나 현상을 만들다'가 '빚다'가 있어요. "물의를 빚어 죄송합니다."처럼 써요.

어떤 일이 생겼을 때 결국 그렇게 '할 수밖에 없다'란 뜻으로 쓰여요. "코로나 19 확산으로 개학 연기가 불가피하다."란 말은 "개학을 연기하겠다."와 같아요.

어맛! 말맛 살리는 뉴스 어휘 퀴즈

※ 아래 빈칸에 어울리는 말을 고르세요.

❶ 우리 정부는 일본의 역사 왜곡에 강한 ☐☐ 을 표했다.

힌트 1 '마음에 차지 아니하여 섭섭하거나 불만스럽게 남아 있는 느낌'을 말해요.
힌트 2 본래 뜻과 다르게 '완곡한 사과'의 의미로 쓰이곤 해요.

① 찬성
② 감상
③ 유감

❷ 삼권 분립에 따라 정부는 사법부의 판단에 ☐☐ 하면 안 된다.

힌트 1 '자신과 직접적인 관계가 없는 일에 끼어듦'을 뜻해요.
힌트 2 비슷한 말로 '참견', '간섭', '관여' 등이 있어요.

① 출입
② 개입
③ 입장

정답 ❶ ③ ❷ ②

다수결로도 안 돼

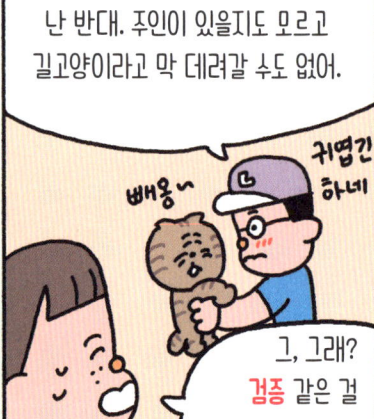

공작 (장인 工 + 지을 作) [명사]
어떤 목적을 위하여 미리 일을 꾸밈.

→ 대통령은 **공작** 정치를 뿌리 뽑겠다고 선언했다.

비공개 (아닐 非 + 공변될 公 + 열 開) [명사]
어떤 사실이나 사물, 내용 따위를 남에게 알리거나 보이지 않음.

→ UFO 관련 **비공개** 문서가 공개되었다.

'공작'은 본래 '기술을 들여 물건을 만듦'이란 뜻이에요. 정치에서는 상대를 위기로 몰아넣기 위해 일을 꾸미는, 부정적인 의미로 쓰여요.

'미공개'와 비슷하면서도 뜻이 살짝 달라요. 미공개는 '아직 공개하지 않았다'의 의미가 강하고, '비공개'는 '공개하지 않겠다'는 의미가 강해요.

회담 (모일 會 + 말씀 談) [명사]
어떤 문제를 가지고 거기에 관련된 사람들이 한자리에 모여서 토의함.

→ 두 나라 정상 간 **회담**이 순조롭게 진행되었다.

'여럿이 모여서 의논하는 모임'인 '회의'와 비교해 회담은 참여가 제한적이에요. 국가 정상 간 만남처럼 '밀접한 관련이 있는 사람만 모여서 토의하는 것'을 '회담'이라고 해요.

 이런 뜻이 있어요

동사

동의하다 (같을 同 + 뜻 意)
다른 사람의 의견에 뜻을 같이하다.

→ 보완된 복지 정책에 모두 **동의했다**.

이 말은 '의사나 의견을 같이하다'의 뜻 외에도 '다른 사람의 행위를 인정하다'란 의미도 있어요. 비슷한 말로는 '찬성하다', '동조하다'가 있고, 반대말에는 '반의하다'가 있어요.

명사

다수결 (많을 多 + 셀 數 + 결정할 決)
회의에서 많은 사람의 의견에 따라 안건의 찬성과 반대 여부를 결정함.

→ **다수결**에 따라 소각장 이전이 결정되었다.

명사

검증 (검사할 檢 + 증거 證)
어떤 사실, 이론 등을 검사하여 참인지 거짓인지 증명함.

→ 대선 후보들은 철저한 **검증**을 거쳐야 한다.

모든 사람이 의견을 완전히 일치시키는 '만장일치'는 현실적으로 불가능해요. '다수결'이 민주적인 방법으로 여겨져요. 하지만 소수의 의견이 무시된다는 단점도 가지고 있어요.

'검증'은 단순히 검사하는 것에 끝나지 않고 철저하게 밝히는 거예요. 비슷한 말엔는 '실제로 증명함'을 뜻하는 '실증'이 있어요.

어맛! 말맛 살리는 뉴스 어휘 퀴즈

※ 아래 빈칸에 어울리는 말을 고르세요.

❶ ☐☐☐☐ 결과 A 후보가 B 후보를 앞서는 것으로 나타났다.

힌트 1 '국가나 사회의 문제에 대한 대중의 의견을 조사하는 일'을 말해요.
힌트 2 투표를 마친 사람들을 대상으로 하는 조사는 '출구 조사'라고 해요.

① 지질 조사
② 여론 조사
③ 인구 조사

❷ 대통령이 임기 말, ☐☐☐에 빠질 가능성이 제기됐다.

힌트 1 영어로 'lame duck'이며, '다리를 저는 오리'라는 뜻이에요.
힌트 2 집권 말기에 나타나는, 정치 지도자의 '지도력이 약해지는 현상'이에요.

① 괴로움   ② 레임덕   ③ 피로감

정답 ❶ ② ❷ ②

가로세로 십자말풀이 ①

② 자신의 주장이나 뜻을 널리 펴서 알림. 또는 그 말. 은퇴 ○○.
③ 정부, 정당, 입후보자 등이 어떤 일에 대하여 국민에게 실행할 것을 약속함. 또는 그런 약속.
④ 어떤 일을 해낼 수 있다고 자신을 굳게 믿는 느낌.
⑥ (ㄱ) 스스로 행한 행동이 자신에게 불리한 결과를 가져오게 됨을 이르는 말.
　(ㄴ) 바둑에서 자기 돌로 자기 수를 줄이는 일.
⑨ 어떤 일을 서로 양보하여 협의함.
⑪ 좋아하는 사람을 몹시 그리워해서 생기는 마음의 병.
⑭ 새로운 것이나 변화를 적극 받아들이기보다 전통적인 것을 지키려는, 또는 그러한 것.
⑯ 차별 없이 평등한 권리와 의무를 가질 권리.

❶ 선거에 입후보함.
❷ 어떤 일이나 사상에서 다른 사람보다 앞선 사람.
❺ 가짓과의 여러해살이풀. 덩이줄기는 둥글고 녹말이 많아 쪄 먹거나 튀겨 먹음.
❼ 세균이 갉아 먹어 이가 상하는 병. 또는 그 이.
❽ 시시하고 치사한 수단이나 방법.
❿ 서로 다른 의견을 가진 집단이 모여 문제를 해결하고 결정을 하기 위해 의논함.
⑫ 의료 시설을 갖추고 의사와 간호사가 병든 사람을 치료해 주는 곳.
⑬ 사회의 변화나 발전을 추구함.
⑮ 투표, 선거, 경기 등에 참가할 수 있는 권리를 스스로 버림.

대출 사기

부채 (질 負 + 빚 責) — 명사
남에게 빚을 짐, 또는 그 빚.
→ 낭비로 많은 **부채**를 지게 되었다.

상환하다 (갚을 償 + 돌아올 還) — 동사
빌린 돈이나 물건 등을 갚거나 돌려주다.
→ 마침내 집 살 때 받았던 대출금을 은행에 **상환했다**.

대출하다 (빌릴 貸 + 날 出) — 동사
돈이나 물건 따위를 빌려주거나 빌리다.
→ 사업 투자를 위해 은행에서 자금을 **대출했다**.

'상환'은 보통 은행에서 빌린 돈이나 물건을 갚을 때 써요. 반대말이 '대출'이에요. 도서관에서 책을 빌리는 것도 대출이라고 해요. 그런데 돌려줄 때는 상환이 아닌, '반납'을 써요. 반납은 '물건을 도로 돌려주다'란 의미가 더 강해요.

35

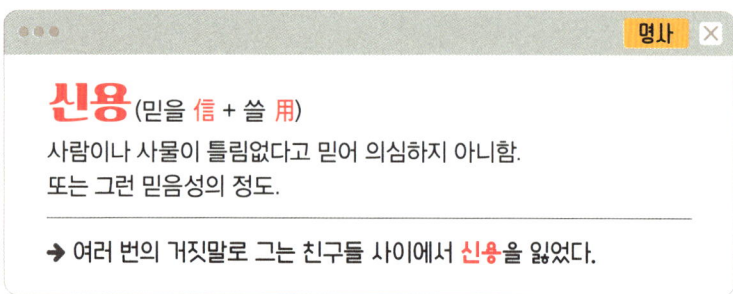

이 말은 '물건이나 돈을 먼저 받고 대가를 나중에 지불할 수 있는 능력'을 뜻하기도 해요. 먼저 결제하고 나중에 돈을 갚는 신용 카드가 그렇지요. 비슷한 말로는 '신뢰', '믿음', '신망' 등이 있어요.

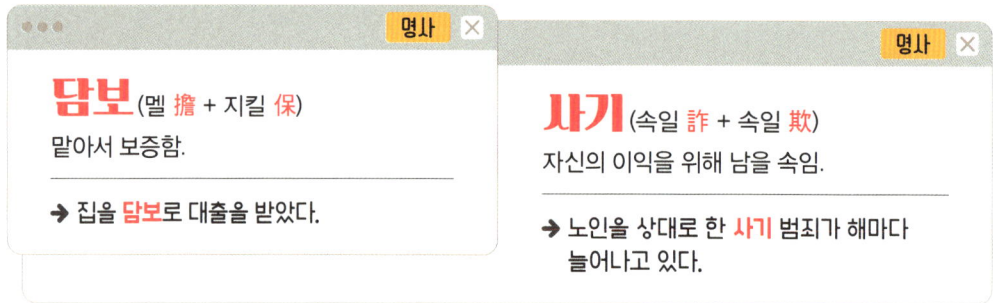

비슷한 말로 '보증', '보장'이 있어요. 일반적으로 '담보'는 빚을 갚아야 할 사람이 대신할 수 있는 것으로 내놓는 것'을 말해요.

'사기'는 재산 피해뿐만 아니라 마음의 상처까지 주는 나쁜 범죄예요. 비슷한 말로 '농간', '협잡', '속임수', '거짓' 등이 있어요.

어맛! 말맛 살리는 뉴스 어휘 퀴즈

❶ 70대 할아버지가 전화로 ㅂㅇㅅㅍㅅ 사기를 당할 뻔했다.

힌트 1 전화나 메시지로 개인정보를 빼낸 다음, 상대를 속여 범죄에 쓰는 사기 수법이에요.

힌트 2 여기에서 '피싱'은 '개인정보(private data)'와 '낚시(fishing)'를 합친 말이에요.

힌트 3 비슷한 말로 '사기 전화', '전화 금융 사기' 등이 있어요.

시연아, 나 몰랑이야. 내가 급히 돈이 좀 필요한데···.

❷ 비트코인, 이더리움 등 ㄱㅅㅎㅍ 에 세금을 매길지에 관해 의견이 분분하다.

힌트 1 지폐나 동전과 달리 '실물이 없는, 가상 공간에서 전자 형태로 사용되는 화폐'를 말해요.

힌트 2 이를 얻기 위해 수학적으로 복잡한 연산을 거쳐야 해서 '암호 화폐'라고도 해요.

정답 ❶ 보이스 피싱 ❷ 가상 화폐

사재기는 안 돼!

폭등 (나타낼 暴 + 오를 騰) — 명사
물건의 값이나 주가 등이 갑자기 큰 폭으로 오름.
→ 채솟값 **폭등**으로 물가가 들썩이고 있다.

품귀 현상 — 명사
(물건 品 + 귀할 貴 + 나타낼 現 + 형상 狀)
물품이나 상품 따위를 구하는 것이 어려워지는 형편.
→ 크리스마스를 맞아 장난감 **품귀 현상**이 벌어지고 있다.

'폭등'은 주식이나 부동산, 물가 등이 가파르게 오르는 거예요. 비슷한 말로는 '갑자기 오름'이란 뜻의 '급등'이 있어요. 반대말은 '물가나 주가가 갑자기 크게 떨어짐'을 뜻하는 '폭락'이에요.

'품귀'는 물건을 구하기 어려운 거예요. 이는 물건을 필요로 하는 수요가 많거나 반대로 물건을 만들어서 대는 공급이 부족할 때 생기는 현상이에요.

할부 (나눌 割 + 구실 賦) — 명사
돈을 여러 번에 나누어 냄.
→ 무이자 **할부**로 태블릿을 샀다.

반대말은 '금액을 한꺼번에 내는 것'을 뜻하는 '일시불'이에요. 한 번에 돈을 내기 부담스러울 때 횟수를 나눠 할부로 낼 수 있어요. 이때는 돈을 나눠 내는 편리함의 대가로 이자가 붙어요.

이런 뜻이 있어요

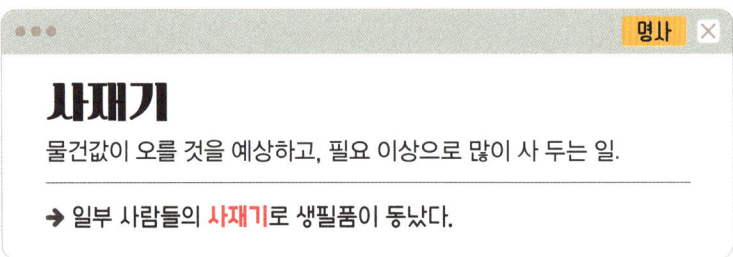

사재기 (명사)
물건값이 오를 것을 예상하고, 필요 이상으로 많이 사 두는 일.
→ 일부 사람들의 **사재기**로 생필품이 동났다.

한자어로 '매점'이라고 해요. '물건값이 오를 것을 예상해 큰 이익을 얻기 위해 몰아서 사는 것'이에요. '매석'은 '물건값이 오를 것을 예상해 상인이 가지고 있는 물건을 내놓지 않는 것'이에요. 이 둘을 합쳐 '매점매석'이라고 하는데, 정부에서는 이런 행위를 불공정 거래로 보고 단속해요.

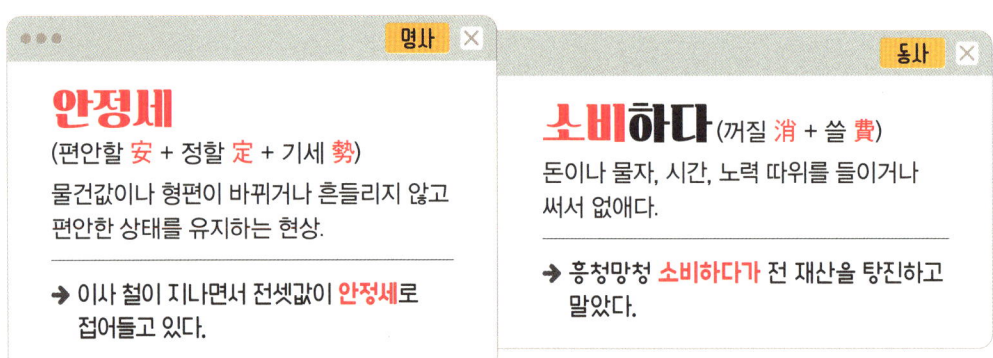

안정세 (명사)
(편안할 安 + 정할 定 + 기세 勢)
물건값이나 형편이 바뀌거나 흔들리지 않고 편안한 상태를 유지하는 현상.
→ 이사 철이 지나면서 전셋값이 **안정세**로 접어들고 있다.

소비하다 (동사)
(꺼질 消 + 쓸 費)
돈이나 물자, 시간, 노력 따위를 들이거나 써서 없애다.
→ 흥청망청 **소비하다가** 전 재산을 탕진하고 말았다.

이 말은 어떤 세력이 일정한 상태를 유지하는 거예요. 경제에서는 물가나 환율이 급등이나 급락 없이 잘 유지되는 게 중요해요. 그렇지 않으면 사회에 큰 혼란을 주기 때문이에요.

비슷한 말에는 '소모하다', '허비하다', 반대말에는 '생산하다', '제작하다' 등이 있어요. 경제 활동에 있어 생산만큼 소비도 매우 중요해요. 하지만 지나치게 쓰는 과소비는 삼가야 해요.

어맛! 말맛 살리는 뉴스 어휘 퀴즈

❶ ㅇㅍㄹㅇㅅ 으로 농산물 가격이 크게 올랐다.

> **힌트 1** '물가가 계속 올라 사람들의 실질적 소득이 줄어드는 현상'을 말해요. 우리말로 순화하여 '물가 오름세'라고도 해요.
>
> **힌트 2** 반대로 '물가가 하락하고 경제 활동이 침체되는 현상'을 '디플레이션'이라고 해요.

❷ 빙과업계가 아이스크림 가격 ㄷ,ㅎ 의혹으로 곤욕을 치르고 있다.

> **힌트 1** 본래는 '서로 의논하여 합의함'을 뜻해요.
>
> **힌트 2** '기업끼리 서로 짜고 가격을 올리거나 조정하는 등 공정한 경쟁을 해치는 행위'를 일컬어요.

정답 ❶ 인플레이션 ❷ 담합

부모님의 재테크

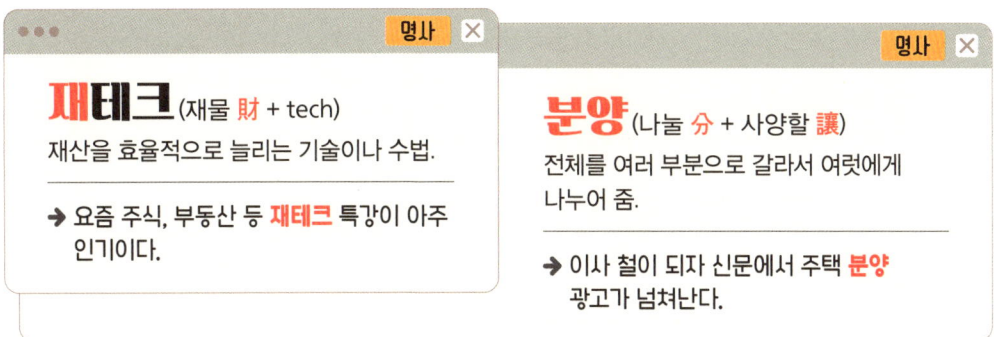

재테크 (재물 財 + tech)   [명사]
재산을 효율적으로 늘리는 기술이나 수법.

→ 요즘 주식, 부동산 등 **재테크** 특강이 아주 인기이다.

분양 (나눌 分 + 사양할 讓)   [명사]
전체를 여러 부분으로 갈라서 여럿에게 나누어 줌.

→ 이사 철이 되자 신문에서 주택 **분양** 광고가 넘쳐난다.

'재테크'는 '재무 테크놀로지'의 줄임말로, 본래는 기업이 자금을 써서 최대 이익을 얻는 기술을 말해요. 그러다 개인이 안전하게 재산을 늘리는 투자 기술이나 방법에도 쓰게 되었어요.

경제에서는 '상가나 토지, 아파트 등을 지어서 나누어 팖'의 뜻으로 이 말을 많이 써요. 또 '반려동물이 낳은 새끼를 다른 사람이 키울 수 있도록 나눌 때'도 분양한다고 해요.

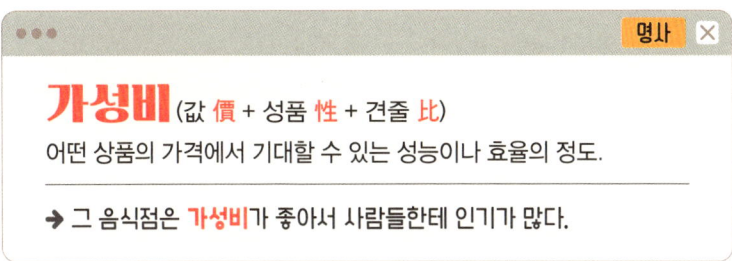

가성비 (값 價 + 성품 性 + 견줄 比)   [명사]
어떤 상품의 가격에서 기대할 수 있는 성능이나 효율의 정도.

→ 그 음식점은 **가성비**가 좋아서 사람들한테 인기가 많다.

'가격 대비 성능의 비율'이란 말을 줄인 거예요. 어떤 상품이 가격보다 성능이 좋을 때 그걸 산 사람은 만족도가 높아요. 그럴 때 "가성비가 좋다."라고 해요. 비슷한 품질인데도 가격이 더 싸거나 비슷한 가격대에서 품질이 훨씬 좋은 물건을 만났을 때 써요.

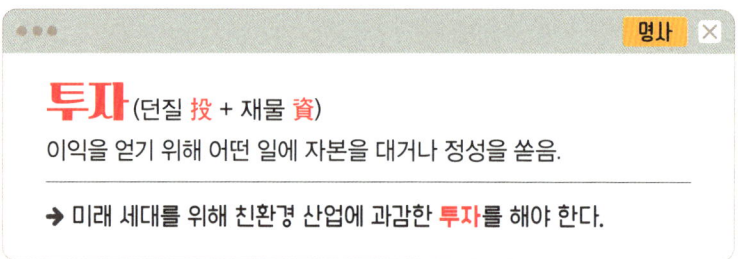

투자 (던질 投 + 재물 資) 〔명사〕
이익을 얻기 위해 어떤 일에 자본을 대거나 정성을 쏟음.
→ 미래 세대를 위해 친환경 산업에 과감한 **투자**를 해야 한다.

'투자'는 돈뿐만 아니라 시간과 정성을 들여 원하는 바를 이루기 위해 노력하는 거예요. 비슷한 말로는 '어떤 일에 쓸 자금을 냄'을 뜻하는 '출자'가 있어요.

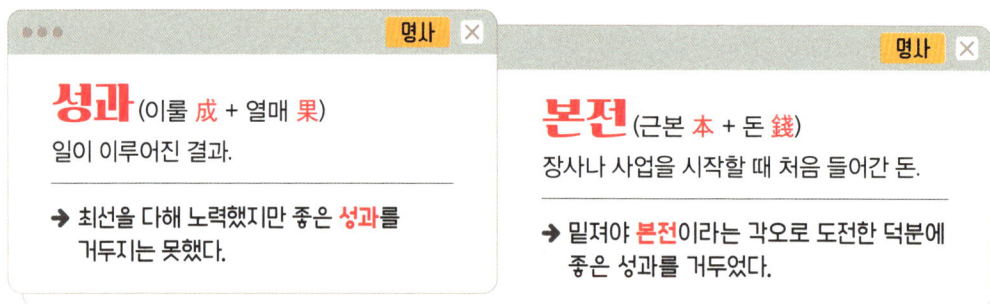

성과 (이룰 成 + 열매 果) 〔명사〕
일이 이루어진 결과.
→ 최선을 다해 노력했지만 좋은 **성과**를 거두지는 못했다.

본전 (근본 本 + 돈 錢) 〔명사〕
장사나 사업을 시작할 때 처음 들어간 돈.
→ 밑져야 **본전**이라는 각오로 도전한 덕분에 좋은 성과를 거두었다.

비슷한 말로는 '공적', '실적' 등이 있어요. 이 말은 실생활에서는 '일이 진행되는 경로'를 뜻하는 '과정'과 대립되는 말로 쓰이곤 해요. 일의 과정을 무시하고 성과만 좇아서는 안 되겠지요.

'본전'은 본래 '꾸어 주거나 맡긴 돈에 이자를 붙이지 않은 돈'이에요. 비슷한 말로 '원금', '밑천' 등이 있어요. 투자에 실패하거나 도박에서 돈을 잃었을 때 "본전 생각이 난다."라는 표현을 써요.

어맛! 말맛 살리는 뉴스 어휘 퀴즈

❶ 주 4일 근무제가 재계 안팎에서 ㄸ ㄱ ㅇ ㄱ ㅈ 로 떠오르고 있다.

- **힌트 1** '중요한 문제지만, 현실적으로 쉽게 다루거나 해결하지 못하는 문제'를 말해요.
- **힌트 2** 영어로 'hot potato'로, 삼킬 수도 뱉을 수도 없는 '난처한 상태'를 말해요.

❷ 최대 실적을 낸 대기업, 중소기업에 ㄴ ㅅ ㅎ ㄱ 로 이어질까?

- **힌트 1** 대기업이 성장하면 연관된 중소기업이 성장해 일자리가 늘어나고, 서민 경제가 좋아진다는 의미예요.
- **힌트 2** '물이 위에서 아래로 떨어지듯 성장이 위에서 아래로 퍼지는 효과'란 뜻이에요.

결제는 누가?

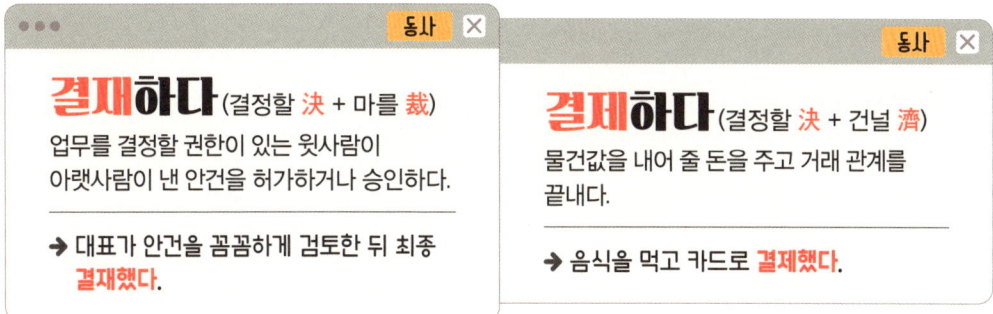

'결재'는 서류나 안건 등을 살펴보고 허락하는 거예요. 비슷한 말로 '재가'가 있어요. 반면 '결제'는 '일을 처리하거나 현금이나 카드 등으로 계산을 마치는 행위'예요. 두 어휘를 잘 구별해 쓰세요.

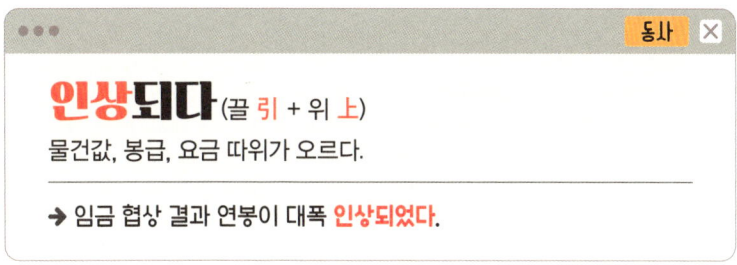

본래는 '물건 따위가 끌려 올라가다'의 뜻이에요. 그래서 역도 종목 중 바벨을 한 번에 머리 위까지 들어 올리는 것을 '인상'이라고 해요. 비슷한 말로 '상승하다'가 있고, 반대말에 '인하하다'가 있어요.

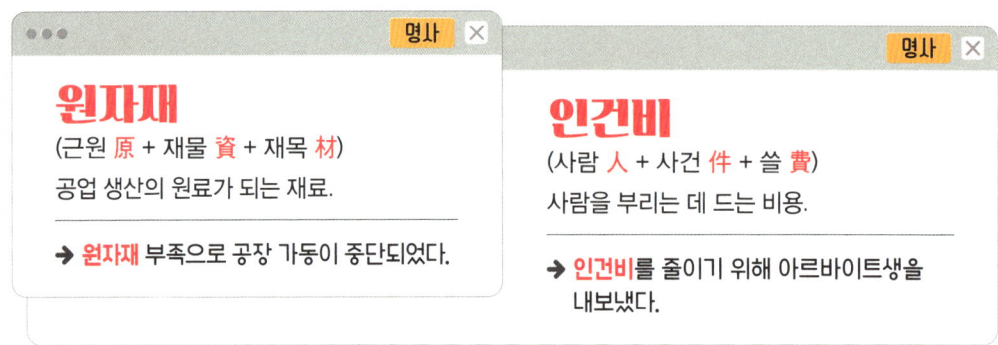

'원자재'는 공업 생산에 필요한 금속, 원유, 농축산물 등을 말해요. 비슷한 말로 '원료', '소재' 등이 있어요.

공장에서 물건을 생산하거나 가게에서 장사할 때 사람을 쓰는 비용이 '인건비'예요. 이 말을 '인권비'로 잘못 쓰지 않도록 주의하세요.

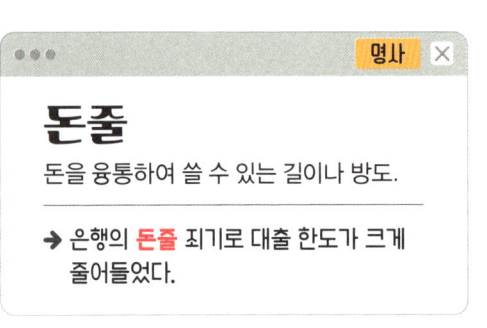

'돈줄'에서의 '줄'은 '사회생활에서의 관계나 인연'을 뜻해요. 그래서 '돈줄'은 '돈을 빌리거나 돌려쓸 수 있는 연줄'이라 할 수 있어요. 비슷한 말로는 '자금줄', '금맥' 등이 있어요.

어맛! 말맛 살리는 뉴스 어휘 퀴즈

❶ 전통 시장에서는 물건값을 흥정하는 현장을 자주 볼 수 있다.

- 힌트 1 '값을 깎는 일'로 많이 쓰여요.
- 힌트 2 본래는 '받을 값보다 물건값을 더 부름. 또는 그 물건값'을 뜻해요.

❷ 중고차를 정상가보다 비싸게 판매하며 를 취했다.

- 힌트 1 '지나치게 많이 남기는 부당한 이익'을 뜻해요.
- 힌트 2 반대말은 '박리'로, '이익을 적게 보고 많이 파는 것'을 '박리다매'라고 해요.

자산가 되는 법

가계부
(집 家 + 꾀할 計 + 장부 簿)
집안 살림의 수입과 지출을 기록하는 책.

→ 젊은 사람들에게 **가계부** 앱이 인기이다.

자산가
(재물 資 + 낳을 産 + 집 家)
재산을 많이 가지고 있는 사람.

→ 엄청난 **자산가**임에도 그는 검소하고 소박한 삶을 산다.

'가계'는 집안 살림의 수입과 지출 상태이고, 비슷한 말로 '살림살이'가 있어요. 또 가계는 '가정'을 의미하기도 하는데, 가정은 기업, 정부와 함께 3대 경제 주체에 속해요.

비슷한 말로 '부자', '재산가', '재력가' 등이 있어요. 흔히 부자를 일컫는 '재벌'은 '여러 개의 기업을 거느리고 막강한 재력을 휘두르는 가족·친족 무리'를 뜻해요.

주식 (그루 株 + 법 式)
주식회사의 자본을 같은 값으로 나누어 놓은 단위나 증권.

→ 전쟁의 여파로 **주식** 시장이 요동을 쳤다.

회사를 운영하려면 많은 돈이 필요해요. 그래서 주식을 발행해서 사람들에게 투자하게 하여 자본금을 마련하는데, 이런 회사를 '주식회사'라고 해요. 그리고 주식을 산 사람을 '주주'라고 불러요.

 이런 뜻이 있어요

명사

상한가 (위 上 + 한계 限 + 값 價)
개별 주식이 하루 동안 오를 수 있는 최고 한도의 가격.

→ 게임 관련 종목이 **상한가**를 기록했다.

주식 시장에서는 선의의 투자자를 보호하기 위해 가격 변동 범위를 제한하고 있어요. 전일 가격 기준으로 30% 이상 오르거나 내릴 수 없게 해요. 이렇게 최고로 오른 것을 '상한가', 최저로 내린 것을 '하한가'라고 해요. 어제 10,000원이었던 주식이 오늘 13,000원으로 거래되었다면 상한가, 반대로 7,000원에 거래되었다면 하한가예요.

명사

부동산 (아닌가 不 + 움직일 動 + 낳을 産)
토지나 건물과 같이 움직여 옮길 수 없는 재산.

→ **부동산** 정책이 과연 집값을 잡을까?

명사

일확천금 (하나 一 + 움킬 攫 + 일천 千 + 쇠 金)
힘들이지 않고 단번에 많은 재물을 얻음.

→ **일확천금**으로 행복을 살 수 없다.

땅 위에 고정되어 움직일 수 없는 건물, 교량, 나무 등은 '부동산'에 속해요. 수확하여 손쉽게 돈으로 바꿀 수 있는 작물은 돈, 증권 등과 함께 '옮길 수 있는 재산'이란 뜻의 '동산'에 속해요.

노력 없이 큰 부자가 되는 상황을 일컫는 말이에요. 복권, 도박, 부동산 투기에 몰두하는 사람들을 가리켜 일확천금을 꿈꾼다고 해요. 노력 없이 생긴 돈이 진정한 행복을 가져다줄까요?

어맛! 말맛 살리는 뉴스 어휘 퀴즈

❶ ㅅ ㅅ ㄱ 가 되면 숙박비, 비행기 운임료가 대폭 오른다.

힌트 1 '상품을 사거나 서비스를 이용하려는 사람이 많은 시기'예요.
힌트 2 반대말은 '상품이나 서비스 수요가 많지 않은 시기'의 '비수기'예요.

❷ 전셋값이 올라서 ㅇ ㅊ ㅇ 의 부담이 커지고 있다.

힌트 1 '계약에 따라 돈을 내고 집이나 물건을 빌려 쓰는 사람'이에요.
힌트 2 반대로 '돈을 받고 물건을 빌려주는 사람'을 '임대인'이라고 해요.

정답 ❶ 성수기 ❷ 임차인

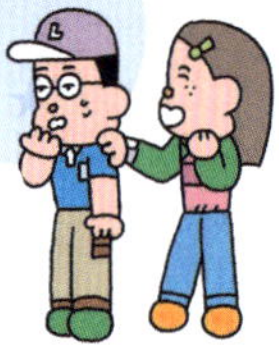

가로 풀이

① 물건값이 오를 것을 예상하여 미리 물건을 많이 사 두는 일.
③ 개별 주식이 하루 동안 오를 수 있는 최고 한도의 가격.
④ 빚을 갚지 못할 경우를 대비해 맡아 두는 것.
⑥ 다른 사람이 말하는 것을 귀 기울여 들음.
⑦ 사람이나 동물이 자라서 점점 커짐.
⑨ 남편과 아내를 아울러 이르는 말.
⑩ 재산을 많이 가지고 있는 사람.
⑪ 예수가 태어난 해를 원년으로 그 이전.
⑫ 두 사람이 양손에 두꺼운 장갑을 끼고 주먹으로 상대를 쳐서 승부를 겨루는 운동 경기.
⑭ 가지고 있는 돈이나 재산을 늘려서 이익을 내는 수법이나 기술.

세로 풀이

① 자신의 이익을 위해 남을 속임.
② 날씨의 상태를 관찰하고 예측하여 일기 예보 등을 알리는 국가 기관.
⑤ 전화나 메시지로 상대를 속여 범죄에 쓰는 사기 수법.
⑥ 경기를 할 수 있는 시설과 구경할 수 있는 자리 등을 갖춘 곳.
⑦ 상품을 사거나 서비스를 이용하려는 사람이 많은 시기.
⑧ 집안 살림의 수입과 지출을 기록하는 책.
⑨ 땅이나 건물과 같이 움직여 옮길 수 없는 재산.
⑩ 지구가 하루에 한 번 고정된 축을 중심으로 도는 운동.
⑬ 게와 새우의 중간 모양으로, 껍데기가 단단하고 큰 집게발을 가지고 맑은 물에 사는 동물.

뺑소니의 대가

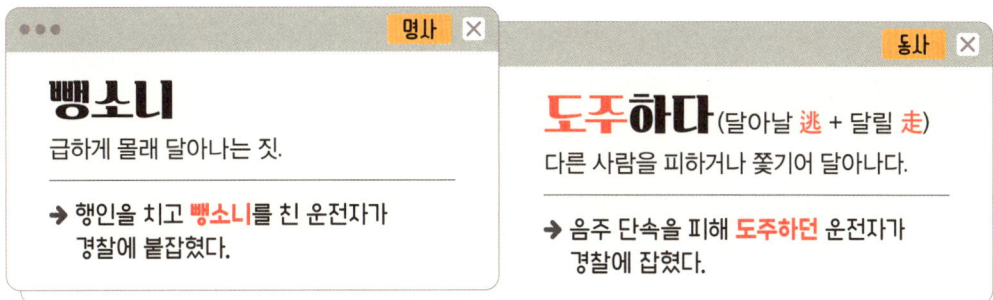

일반적으로 '교통사고를 내고 피해자에 대해 별다른 조치 없이 도망가는 범죄 행위'를 일컬어요. 비슷한 말로 '도망', '줄행랑' 등이 있어요.

비슷한 말에는 '도망하다', '내빼다', '뺑소니치다'와 '도망하여 몸을 피하다'의 뜻을 가진 '도피하다'가 있어요.

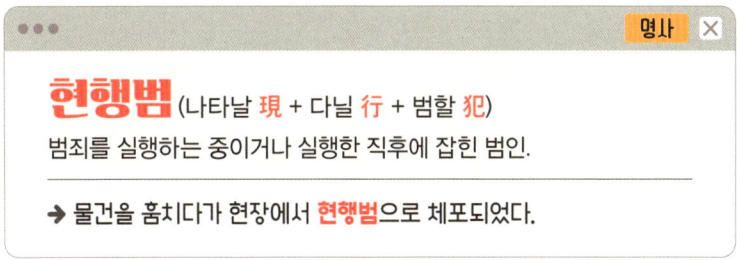

'현행'은 '어떤 일이 현재 행해지고 있음'을 뜻해요. '현재 시행되고 있는 법률'을 '현행법'이라고 하고요. 마찬가지로 범죄를 저지르다가 현장에서 발각되거나 잡힌 사람을 '현행 범인'이라 하고, 줄여서 '현행범'이라고 불러요.

 이런 뜻이 있어요

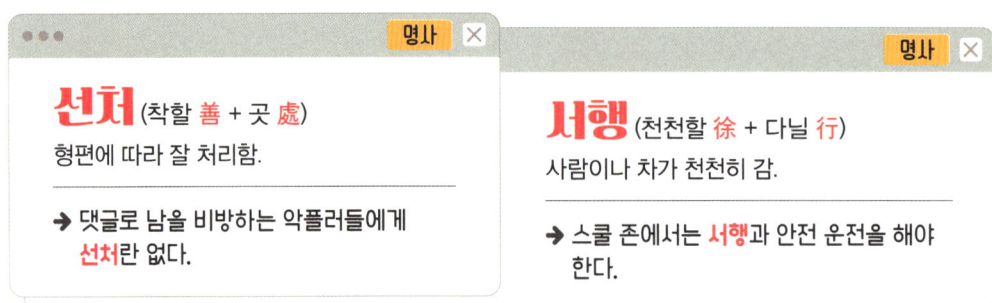

잘못을 한 사람이 용서를 구할 때 "선처를 부탁합니다."라고 쓰는 경우가 많아요. 불교에서는 '사람이 죽은 뒤 다시 태어나는 좋은 곳'이라는 뜻으로도 써요.

운전할 때 보행자가 다니는 길, 골목 등에서는 '서행'이 필수예요. 비슷한 말로는 '천천히 걷는 걸음'을 뜻하는 '완보', '서보'가 있고, 반대말에는 '빨리 감'을 뜻하는 '속행'이 있어요.

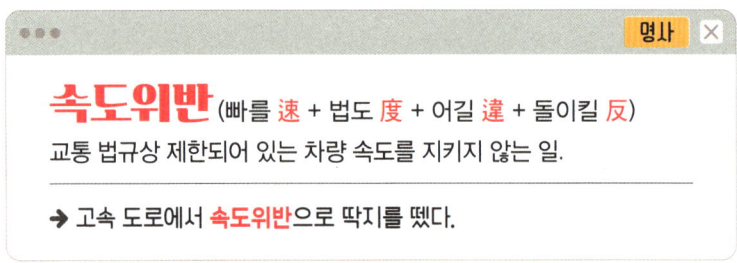

도로 교통법에는 질서와 안전을 위해 도로마다 제한 속도가 있어요. 고속 도로에서는 110킬로미터 이상 달릴 수 없고, 스쿨 존에서는 30킬로미터 이하로 서행해야 해요. '속도위반'은 이것을 지키지 않고 속력을 내는 거예요.

어맛! 말맛 살리는 뉴스 어휘 퀴즈

※ 아래 빈칸에 어울리는 말을 고르세요.

❶ 도로에서 연간 20만 건 이상 ☐☐☐이 발생한 것으로 보인다.

힌트 1 '동물이 도로에 나왔다가 자동차에 치여 죽는 일'을 말해요.
힌트 2 다른 말로 '찻길 동물 사고'라고도 해요.

① 오버킬
② 로드킬
③ 역올킬

❷ 불법 유턴을 하다가 교통경찰에게 걸려 ☐☐☐을 물었다.

힌트 1 '도로 교통법의 규칙을 어긴 사람에게 과하는 벌금'이에요.
힌트 2 쓰레기 방치, 노상 방뇨 등 일상의 경범죄에도 부과할 수 있어요.

① 범칙금
② 대장금
③ 위로금

화재가 난 경위

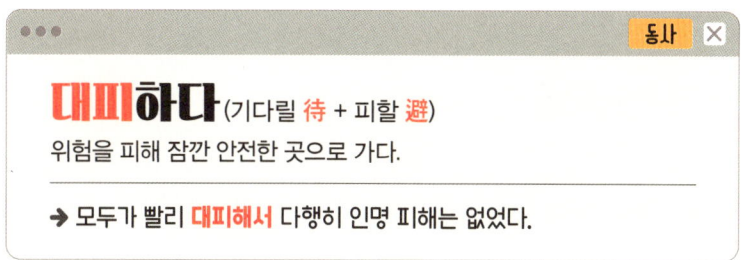

대피하다 (기다릴 待 + 피할 避) — 동사
위험을 피해 잠깐 안전한 곳으로 가다.
→ 모두가 빨리 **대피해서** 다행히 인명 피해는 없었다.

'대피하다'는 일시적으로 피하는 거예요. 비슷한 말에는 '재난을 피해 멀리 옮겨 가다'의 뜻을 가진 '피난하다', '위험으로부터 몸을 숨기다'의 '피신하다'가 있어요.

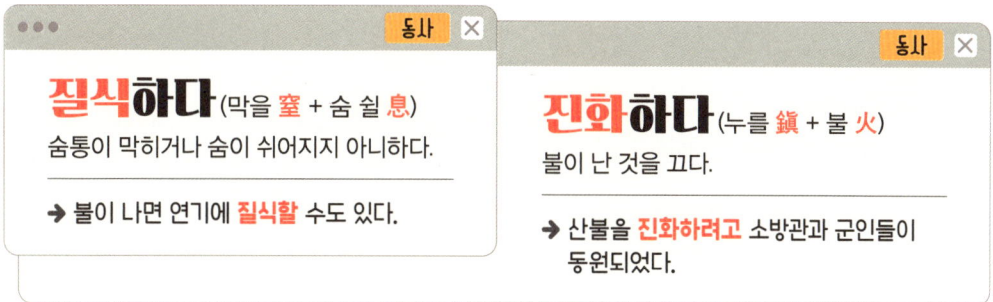

질식하다 (막을 窒 + 숨 쉴 息) — 동사
숨통이 막히거나 숨이 쉬어지지 아니하다.
→ 불이 나면 연기에 **질식할** 수도 있다.

진화하다 (누를 鎭 + 불 火) — 동사
불이 난 것을 끄다.
→ 산불을 **진화하려고** 소방관과 군인들이 동원되었다.

'질식하다'의 다른 말은 '숨막히다'예요. 불이 나면 독성 가스나 연기로 인해 산소가 부족해져요. 산소 부족으로 '숨 쉬기 어려운 상태에서 죽는 것'을 '질식사'라고 해요.

비슷한 말로는 '소방하다', '소화하다', '잡다'가 있어요. 또 이 말은 '어떤 말썽이나 소동, 소문 따위를 해결하다'의 뜻도 있어요. "들끓는 여론을 진화하다."처럼요.

 이런 뜻이 있어요

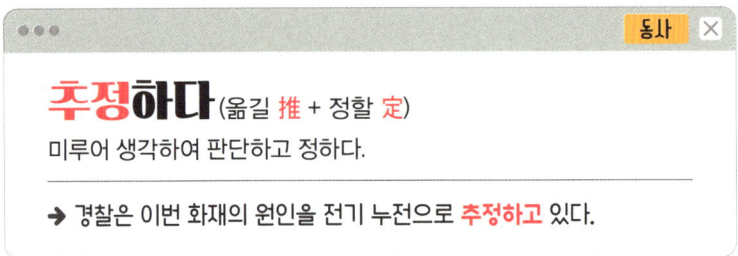

동사

추정하다 (옮길 推 + 정할 定)
미루어 생각하여 판단하고 정하다.

→ 경찰은 이번 화재의 원인을 전기 누전으로 **추정하고** 있다.

이 말은 어떤 현상이나 정황을 보고 상황을 판단하는 거예요. 비슷한 말로는 '미루어 생각하다'의 '추측하다', '사정이나 형편 따위를 어림잡아 헤아리다'의 '짐작하다', '어림하다' 등이 있어요.

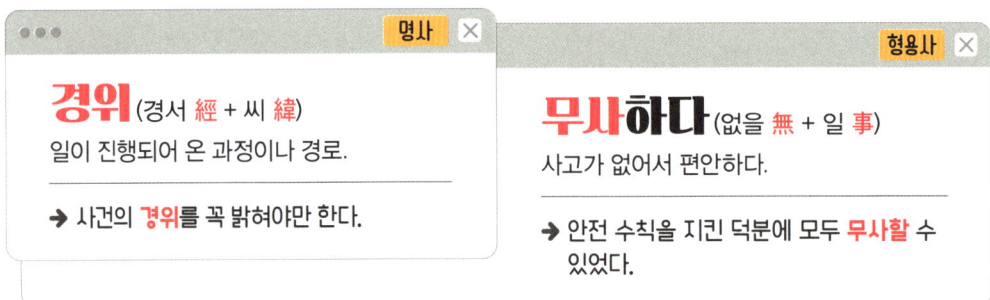

명사

경위 (경서 經 + 씨 緯)
일이 진행되어 온 과정이나 경로.

→ 사건의 **경위**를 꼭 밝혀야만 한다.

형용사

무사하다 (없을 無 + 일 事)
사고가 없어서 편안하다.

→ 안전 수칙을 지킨 덕분에 모두 **무사할** 수 있었다.

'경위'는 원래 '옷감의 날줄(세로줄)과 씨줄(가로줄)'을 뜻해요. 이 두 줄이 얽혀 옷감이 이루어지기 때문에 '어떤 일이 일어난 과정'을 의미하게 되었어요.

본래 '아무 일도 없다'의 뜻이에요. 일이 생기지 않으니 '탈 없이 편안하다'의 의미도 생겼어요. 비슷한 말에는 '사고 없이 평안하다', '아무런 까닭이 없다'의 뜻을 가진 '무고하다'가 있어요.

어맛! 말맛 살리는 뉴스 어휘 퀴즈

※ 아래 빈칸에 어울리는 말을 고르세요.

❶ 지난밤 주택가에 ☐☐ 로 추정되는 불이 났다.

- 힌트 1 '일부러 불을 지름'의 뜻으로, '고의로 불 낸 사람'을 '○○범'이라 해요.
- 힌트 2 반대말은 '불을 꺼뜨림'을 뜻하는 '소화'예요.

① 변화   ② 방화   ③ 만화

❷ 잇따른 공장 화재 살펴보니 ☐☐☐☐☐ 이 주원인이었다.

- 힌트 1 '위험에 둔감해져서 위험하다고 의식하지 못하는 일'을 뜻해요.
- 힌트 2 이런 행동을 줄이기 위해서는 스스로 위험을 깨닫는 태도가 필요해요.

① 고소 공포증
② 게임 불감증
③ 안전 불감증

정답 ❶ ② ❷ ③

비대면 시대

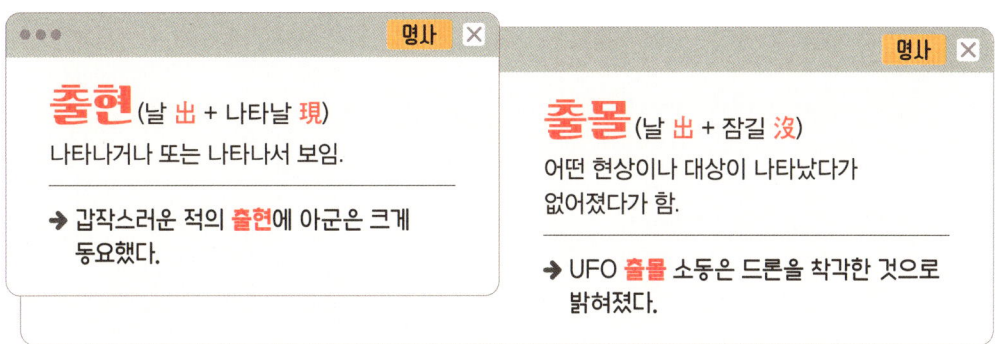

출현 (날 出 + 나타날 現)　〔명사〕
나타나거나 또는 나타나서 보임.
→ 갑작스러운 적의 **출현**에 아군은 크게 동요했다.

출몰 (날 出 + 잠길 沒)　〔명사〕
어떤 현상이나 대상이 나타났다가 없어졌다가 함.
→ UFO **출몰** 소동은 드론을 착각한 것으로 밝혀졌다.

'출현'은 없었거나 숨겨져 있던 현상이 보이는 거예요. 비슷한 말로는 '어떤 분야에서 새로운 현상, 사물 등이 처음 나옴'을 뜻하는 '등장'이 있어요. 참고로 야생동물이 민가에 나타나거나 UFO가 목격되었을 때는 이들이 나타났다 사라졌다 하기 때문에 '출몰'이 더 맞는 표현이에요.

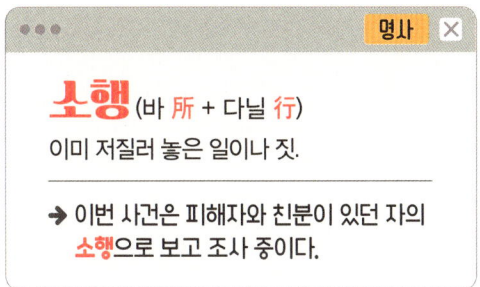

소행 (바 所 + 다닐 行)　〔명사〕
이미 저질러 놓은 일이나 짓.
→ 이번 사건은 피해자와 친분이 있던 자의 **소행**으로 보고 조사 중이다.

'소행'은 한마디로 저지른 일이에요. 여기에서 '저지르다'는 '죄를 짓거나 문제가 되는 일을 일으키다'의 의미예요. 긍정적인 뜻과는 거리가 있어요. 비슷한 말로는 '짓', '짓거리' 등이 있어요.

 이런 뜻이 있어요

명사

원격 (멀 遠 + 막을 隔)
멀리 떨어져 있음.

→ 요즘 인터넷으로 **원격** 강의를 듣고 있다.

'원격'은 시간적, 공간적으로 멀리 떨어져 있는 걸 말해요. 비슷한 말에는 '원거리'가 있어요. 직접 만나지 않고 프로그램으로 조종하거나 제어하는 방식들에 이 말이 붙어요. '원격 수업', '원격 조종' 등이 그렇지요.

명사

비대면 (아닐 非 + 대답할 對 + 낯 面)
서로 얼굴을 마주 보고 대하지 않음.

→ 학교에서는 **비대면**으로 화상 수업을 한다.

명사

자가 격리 (스스로 自 + 집 家 + 막을 隔 + 떠날 離)
전염병의 전파를 막기 위해 다른 사람과 접촉하지 않도록 집에서 지내는 것.

→ 코로나 19 확진자는 **자가 격리**에 들어갔다.

'직접 얼굴을 보며 만남'을 뜻하는 '대면'에 한자 '아닐 비(非)'를 붙여 부정의 뜻으로 써요. 단어 앞에 붙는 '비—'는 '비공식적', '비민주적'처럼 명사의 성격이 강한 말을 만들어요. 그래서 '아닐 불(不)'을 붙여 '불대면'이라고 하면 어색해요.

'격리'는 '전염병 확진 대상자가 다른 사람에게 바이러스가 감염되지 않도록 사회생활 환경에서 분리해 지내는 것'이에요. 보통 외부와의 접촉을 막아야 해서 자신의 집인 '자가'나 병원을 이용해요. 감염 관리를 위한 방법 중 하나예요.

어맛! 말맛 살리는 뉴스 어휘 퀴즈

※ 아래 빈칸에 어울리는 말을 고르세요.

❶ 사건의 ☐☐ 에 다른 누군가가 있다는 소문이 돌기 시작했다.

- 힌트 1 '어떤 일의 드러나지 않은 이면'이라는 뜻이에요.
- 힌트 2 '뒤에 숨어 사건을 조종하거나 지시한 무리'를 '○○ 세력'이라고 해요.

① 배후
② 배우
③ 배송

❷ 멧돼지의 출몰로 인해 도심은 완전히 ☐☐☐☐ 이 되었다.

- 힌트 1 '싸움이나 그 밖의 다른 일로 큰 혼란에 빠진 곳. 또는 그런 상태'예요.
- 힌트 2 비슷한 말로 '수라장'이라고도 해요.

① 노천극장   ② 아수라장   ③ 사무총장

딱지 절도 사건

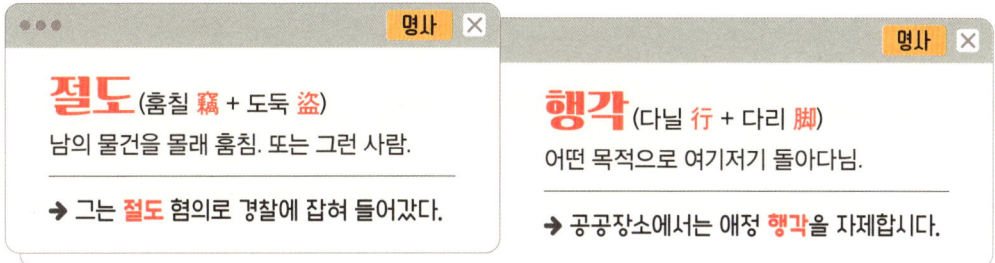

절도 (훔칠 竊 + 도둑 盜)
남의 물건을 몰래 훔침. 또는 그런 사람.
→ 그는 **절도** 혐의로 경찰에 잡혀 들어갔다.

행각 (다닐 行 + 다리 脚)
어떤 목적으로 여기저기 돌아다님.
→ 공공장소에서는 애정 **행각**을 자제합시다.

'도둑질'과 그런 짓을 저지르는 '도둑'을 말해요. 반대말은 '도둑맞음'을 뜻하는 '도난'이에요. 참고로 '강도'는 '폭행이나 협박 등으로 남의 재물을 빼앗은 행위. 또는 그런 사람'을 말해요.

'행각'은 '목적을 가지고 움직임'을 뜻하는 '행동'과 비슷해요. 하지만 이 말이 붙으면 주로 부정적인 뜻이 돼요. '도피 행각', '절도 행각', '사기 행각', '친일 행각'처럼요.

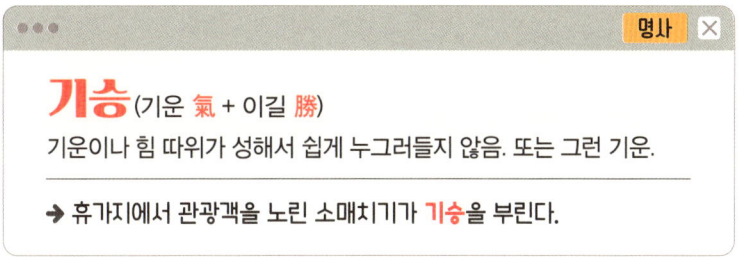

기승 (기운 氣 + 이길 勝)
기운이나 힘 따위가 성해서 쉽게 누그러들지 않음. 또는 그런 기운.
→ 휴가지에서 관광객을 노린 소매치기가 **기승**을 부린다.

본래 이 말은 '성미가 억척스럽고 굳세어 좀처럼 굽히지 않음'을 뜻해요. 비슷한 말로는 '성질', '기질' 등이 있어요. 보통 '기승을 부리다', '기승을 떨다'로 쓰이며, 기세가 쉽게 꺾이지 않음을 보여 줘요.

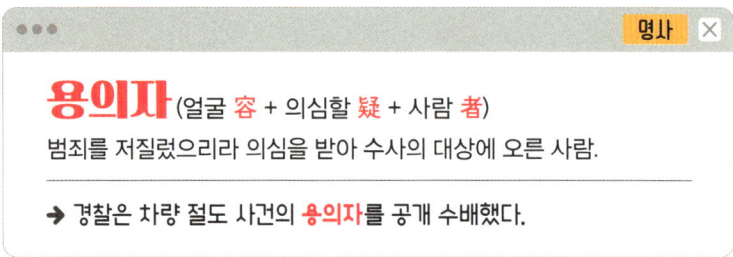

용의자 (얼굴 容 + 의심할 疑 + 사람 者)
범죄를 저질렀으리라 의심을 받아 수사의 대상에 오른 사람.

→ 경찰은 차량 절도 사건의 **용의자**를 공개 수배했다.

'용의자'는 범죄 행위가 뚜렷하지 않아 정식으로 인정되지 않았으나, 경찰 내부적으로 조사 대상이 된 사람을 말해요. 비슷한 말로는 '피의자'가 있어요.

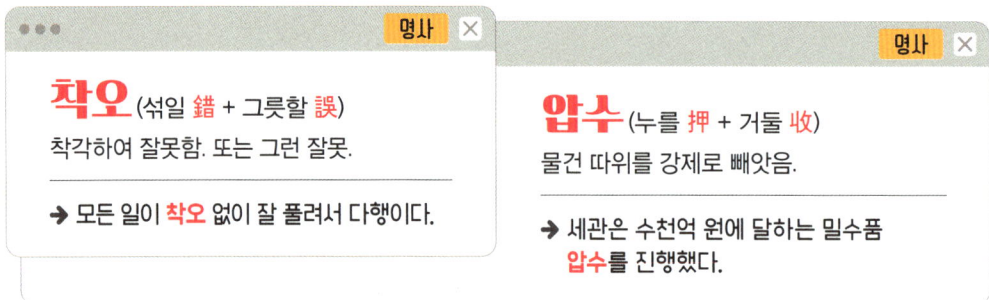

착오 (섞일 錯 + 그릇할 誤)
착각하여 잘못함. 또는 그런 잘못.

→ 모든 일이 **착오** 없이 잘 풀려서 다행이다.

압수 (누를 押 + 거둘 收)
물건 따위를 강제로 빼앗음.

→ 세관은 수천억 원에 달하는 밀수품 **압수**를 진행했다.

비슷한 말로는 '잘못', '실수' 등이 있어요. 철학적으로는 '부주의로 생기는 추리상의 오류'를 말해요. 우리가 자주 쓰는 '시행착오'는 '학습자가 목표에 닿는 방법을 모른 채 시행과 착오를 반복하다가 성공시키는 원리'예요.

법률에서 '당사자의 동의가 있을 때 증거물 따위를 거둬 가는 일이나 체포할 사람을 찾기 위해 구석구석 뒤지는 일'을 '압수 수색'이라고 해요. '압수'와 비슷한 말로는 '강제 처분', '몰수', '압류' 등이 있어요.

어맛! 말맛 살리는 뉴스 어휘 퀴즈

※ 아래 빈칸에 어울리는 말을 고르세요.

❶ 만원 버스에서 지갑을 ☐☐☐ 당했어.

- **힌트 1** '남의 물건을 잽싸게 채어 달아나는 짓이나 도둑'을 말해요.
- **힌트 2** 비슷한 말로 '소매치기', '들치기' 등이 있어요.
- **힌트 3** '국회에서 한쪽이 법안을 상대 동의 없이 일방적으로 처리하는 일'을 뜻해요.

① 면치기　　② 메치기　　③ 날치기

❷ 베테랑 형사가 ☐☐☐로 절도 용의자를 잡았다.

- **힌트 1** '한두 번 보고도 그대로 해낼 수 있는 재주나 기교'를 말해요.
- **힌트 2** '한 번만 들어도 잊지 않는 재주'는 '귀썰미'라고 해요.

① 진선미
② 눈썰미
③ 인절미

소외 계층 (트일 疏 + 바깥 外 + 섬돌 階 + 층 層) [명사]

사회의 여러 복지 정책이나 시설 혜택을 받지 못하여 도움이 필요한 계층.

→ 구청에서 **소외 계층**들에게 김장 김치를 전달했다.

'소외'는 '어떤 무리에서 따돌리거나 멀리함'을 뜻해요. 가난하고 기피를 당해 무리 안에 있지 못하는 상황에 놓인 사람들을 가리켜 '소외 계층'이라고 해요. 건강한 사회에서는 시민들이 소외된 사람들에게 도움을 주며 더불어 살아가요.

익명 (숨길 匿 + 이름 名) [명사]

자신의 이름을 숨기고 드러내지 않음.

→ 남현동에 사는 **익명**의 청취자가 백만 원을 성금으로 보내왔다.

'익명'은 이름을 밝히지 않는 거예요. 비슷한 말로는 '이름을 숨김'의 '매명'이 있어요. '무명'은 '이름을 알 수 없거나 널리 알려져 있지 않음'을 뜻해요.

쾌척하다 (쾌할 快 + 던질 擲) [동사]

돈이나 물품을 필요한 데에 선뜻 내놓다.

→ 떡볶이집 할머니가 난민을 위해 거금을 **쾌척했다**.

'쾌척하다'는 '돈이나 물건을 대가 없이 내놓다'의 뜻을 가진 '기부하다'와 통해요. '시원하게 돈을 내놓다'의 의미로 뉴스에서 '쾌척 기부'라는 말을 자주 써요.

 이런 뜻이 있어요

명사

기부자
(부칠 寄 + 붙을 附 + 사람 者)
자선 사업이나 공공사업을 돕기 위해 물건이나 돈을 대가 없이 내놓은 사람.

➡ 독거노인들을 돕기 위한 자선 공연에 많은 **기부자**가 참석했다.

명사

후원자
(뒤 後 + 도울 援 + 사람 者)
뒤에서 도와주는 사람.

➡ 소년 가장의 **후원자**는 나이가 지긋한 할머니였다.

'기부'는 '사회적 약자를 도우려 돈이나 재물을 내는 일'이에요. '기부자'와 비슷한 말로는 '어려운 사람을 돕는 등 사회적으로 좋은 일에 참여하거나 돈을 내놓는 사람'의 '독지가'가 있어요.

'후원'은 '뒤에서 도와줌'이란 뜻이에요. '후원자와 비슷한 말로는 '도와주는 사람'의 '조력자', '능력이 부족한 사람을 뒤에서 도와주는 사람'이란 뜻의 '후견인'이 있어요.

동사

동행하다 (같을 同 + 다닐 行)
같이 길을 가다.

➡ 끝까지 **동행해** 준 동료들 덕분에 일을 잘 마무리할 수 있었다.

비슷한 말로는 '일하거나 길을 갈 때 함께 짝을 하다'의 '동반하다'가 있어요. 그러한 사람을 '동반자'라고 하는데, 이 말은 '어떤 행동을 할 때 적극적으로 참가하지 않으나 그것에 동감하면서 도움을 주는 사람'이란 뜻도 있어요.

어맛! 말맛 살리는 뉴스 어휘 퀴즈

※ 아래 빈칸에 어울리는 말을 고르세요.

❶ 복지 ☐☐☐☐ 에 놓인 취약 계층을 지원하기로 했다.

힌트 1 '관심이나 영향이 미치지 못하는 지역'을 비유적으로 이르는 말이에요.
힌트 2 본래는 '어느 위치에서 사물이 눈에 보이지 않게 되는 영역'을 뜻해요.

① 삼각지대　　② 사각지대　　③ 오각지대

❷ 구청에서 불우 이웃 돕기 자금을 모으기 위한 ☐☐☐ 를 열 계획이다.

힌트 1 '공공 또는 사회사업의 돈을 마련하기 위해 벌이는 시장'이에요.
힌트 2 페르시아어로 '장터'를 뜻하는 'bazzar'와 한자 '모일 회(會)'가 합쳐진 외래어예요.

① 참치회
② 운동회
③ 바자회

가로 풀이

① 급하게 몰래 달아나는 짓.
  ○○○ 사고.
② 어린아이의 말로, 업거나 업히는 일을 이르는 말.
④ 어린이의 행복을 위해 정한 기념일. 5월 5일이다.
⑥ 이전에 자신이 한 일이 잘못임을 깨닫고 스스로 자신의 잘못을 꾸짖음.
⑦ 자선 사업이나 공공사업을 돕기 위해 물건이나 돈을 대가 없이 내놓은 사람.
⑩ 이미 저질러 놓은 일이나 짓.
⑪ 도로 교통법의 규칙을 어긴 사람에게 과하는 벌금.
⑫ 기운이나 힘 따위가 성해서 쉽게 누그러들지 않음. 또는 그런 기운.

세로 풀이

❶ 〈심청전〉에서 심청의 계모. 심봉사의 아내.
❷ 오늘의 바로 하루 전날. 어저께.
❸ 공공 또는 사회사업의 돈을 마련하기 위해 벌이는 시장.
❺ 남의 물건을 재빨리 훔쳐 달아남. 또는 그런 사람.
❻ 뒤에서 도와주는 사람.
❽ (ㄱ) 단백질이나 지방 등이 미생물의 작용에 의해 썩는 것.
  (ㄴ) 정치, 사상, 의식 등이 정의롭지 못한 쪽으로 빠져드는 것.
❾ 범죄를 실행하는 중이거나 실행한 직후에 잡힌 범인. 현행 범인.
⓭ 운동 경기에서 최종 우승자를 가리기 위해 맨 마지막에 벌이는 시합.

연애의 진실

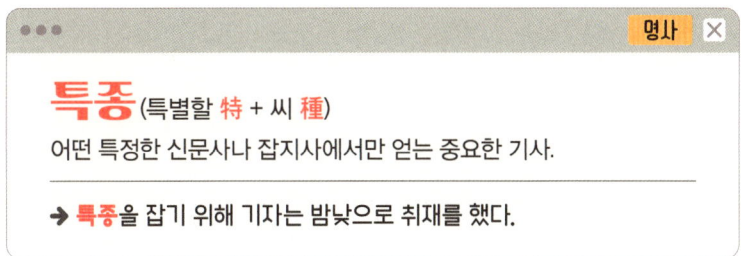

특종 (특별할 特 + 씨 種)
어떤 특정한 신문사나 잡지사에서만 얻는 중요한 기사.

→ **특종**을 잡기 위해 기자는 밤낮으로 취재를 했다.

본래 '특별한 종류'란 뜻이에요. 하지만 생활에서 '특종 기사'라는 말로 더 많이 쓰여요. 방송이나 신문, 잡지 등에서 기자들이 단독으로 내보내고자 취재한, 사안이 중요한 기사들을 말해요. 이런 기사를 잘 취재하는 전문적인 기자를 '특종 기자'라고 해요.

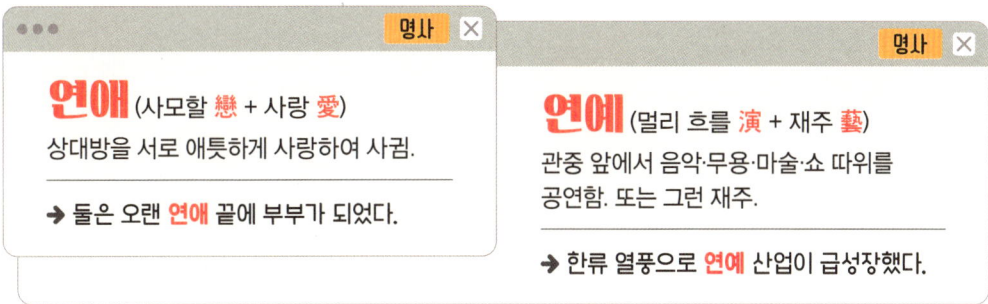

연애 (사모할 戀 + 사랑 愛)
상대방을 서로 애틋하게 사랑하여 사귐.

→ 둘은 오랜 **연애** 끝에 부부가 되었다.

연예 (멀리 흐를 演 + 재주 藝)
관중 앞에서 음악·무용·마술·쇼 따위를 공연함. 또는 그런 재주.

→ 한류 열풍으로 **연예** 산업이 급성장했다.

상대방의 매력에 이끌려 서로 좋아하여 사귀는 것을 말해요. 비슷한 말로는 '로맨스', '사랑'이 있어요. 참고로 '열애'는 '열렬히 사랑함'이에요.

사람들 앞에서 공연이나 연기를 펼치는 배우, 가수 등을 통틀어 '연예인'이라고 해요. 연예인은 자신의 재주를 뽐내고, 사람들의 인기를 얻어요.

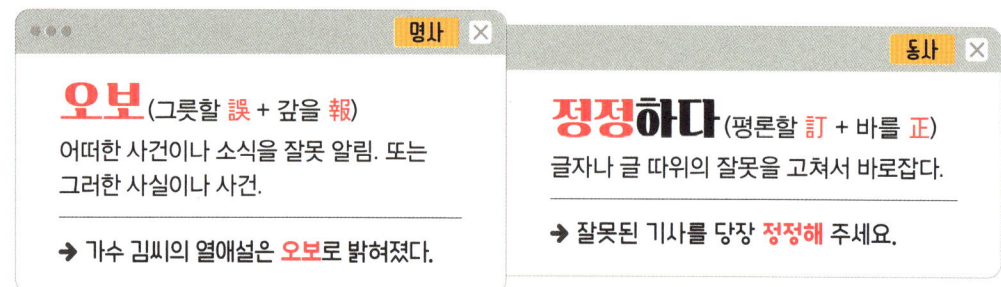

'오보'는 그릇된 보도예요. 사실 관계를 잘 파악해 전달하거나, 제대로 취재하지 않고 기사를 내보내기에 급급한 경우 이런 일이 생겨요. 그럴 때는 기사를 바로잡아 내보내야 해요.

비슷한 말로 '수정하다'가 있는데, 속뜻이 조금 달라요. '정정하다'는 글이나 글자의 틀린 점을 바로잡는 거예요. 반면 '수정하다'는 '잘못되거나 적당하지 않은 것을 좋게 고치다'로, 글자뿐 아니라 사고방식과 방향 등에도 쓰여요.

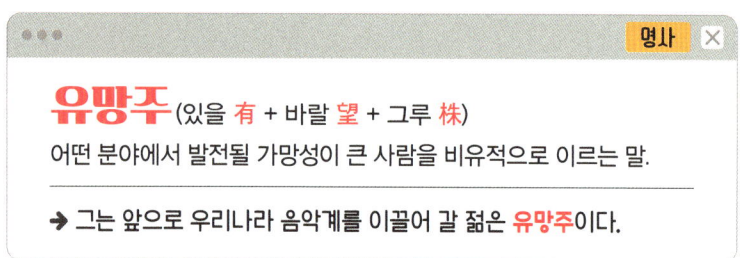

이 말은 원래 '시세가 오를 가망이 있는 주식'을 말해요. 앞으로 '우량주'가 될 가능성이 큰 주식이지요. 이 뜻이 확장되어 스포츠, 연예, 정치, 사회 분야 등에서 성장을 크게 할 사람을 가리켜 '유망주'라고 일컫게 되었어요.

어맛! 말맛 살리는 뉴스 어휘 퀴즈

❶ 인기 걸그룹이 오랜 ㄱ,ㅂ 을 깨고 무대에 다시 섰다.

> **힌트1** '특정한 활동이나 업적이 없이 비어 있음'을 말해요.
> **힌트2** 본래 '아무것도 없이 비어 있음'이라는 뜻이에요.

❷ 대중은 연예인의 ㅅ,ㅅ,ㅎ 에 관심이 많다.

> **힌트1** '개인의 사사로운 일상생활'을 뜻해요.
> **힌트2** 비슷한 말로 '프라이버시(privacy)'가 있어요.

한류 스타는 누구?

 이런 **뜻**이 있어요

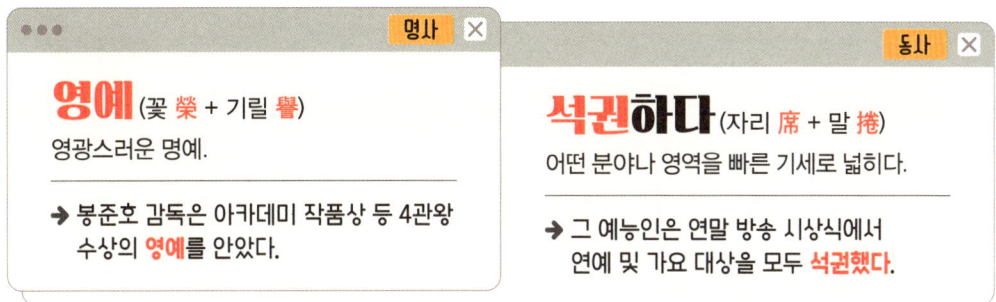

영예 (꽃 榮 + 기릴 譽) — 명사
영광스러운 명예.
→ 봉준호 감독은 아카데미 작품상 등 4관왕 수상의 **영예**를 안았다.

석권하다 (자리 席 + 말 捲) — 동사
어떤 분야나 영역을 빠른 기세로 넓히다.
→ 그 예능인은 연말 방송 시상식에서 연예 및 가요 대상을 모두 **석권했다**.

비슷한 말로 '빛나는 명예'라는 뜻의 '영명', '광예' 등이 있어요. 반대말은 '남에게 업신여김을 당해 창피함'을 뜻하는 '굴욕', '사람들로부터 좋은 평판을 받지 못함'의 '불명예'예요.

본래 이 말은 '돗자리를 말다'의 뜻으로, 돗자리를 둘둘 말듯이 거침없이 땅을 차지하는 걸 말해요. 사마천이 쓴 《사기》에서 유래했어요. 비슷한 말로는 '휩쓸다'가 있어요.

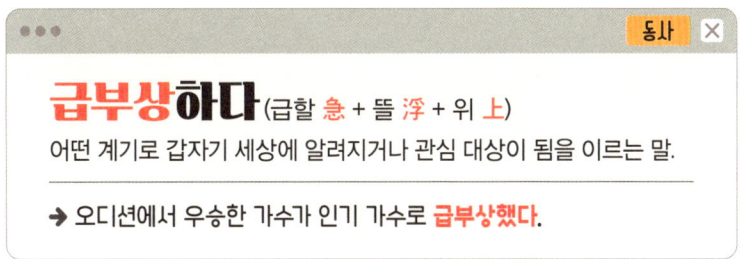

급부상하다 (급할 急 + 뜰 浮 + 위 上) — 동사
어떤 계기로 갑자기 세상에 알려지거나 관심 대상이 됨을 이르는 말.
→ 오디션에서 우승한 가수가 인기 가수로 **급부상했다**.

한자의 뜻을 보면 '갑자기 물 위에 떠오르다'예요. 이 뜻이 확장되어 물속에 있던 무언가가 떠오르듯, 알려지지 않았던 어떤 대상이 갑자기 세상에 알려지거나 영향력을 끼치게 되는 것을 의미하게 되었어요.

이런 뜻이 있어요

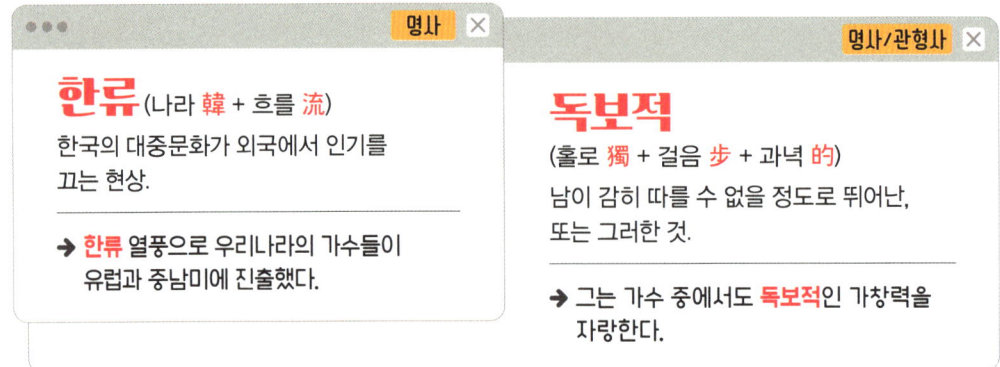

한류 (나라 韓 + 흐를 流) — 명사
한국의 대중문화가 외국에서 인기를 끄는 현상.
→ **한류** 열풍으로 우리나라의 가수들이 유럽과 중남미에 진출했다.

독보적 — 명사/관형사
(홀로 獨 + 걸음 步 + 과녁 的)
남이 감히 따를 수 없을 정도로 뛰어난, 또는 그러한 것.
→ 그는 가수 중에서도 **독보적**인 가창력을 자랑한다.

우리나라를 의미하는 한자 '한(韓)'에 '그 특성이나 독특한 경향'의 뜻을 가진 접미사 '—류'를 붙여 '한류'라고 하게 되었어요.

매우 뛰어나다는 말이에요. 연예 뉴스에서 누군가를 설명할 때 '독보적 연기력', '독보적 가창력' 등의 표현으로 써요.

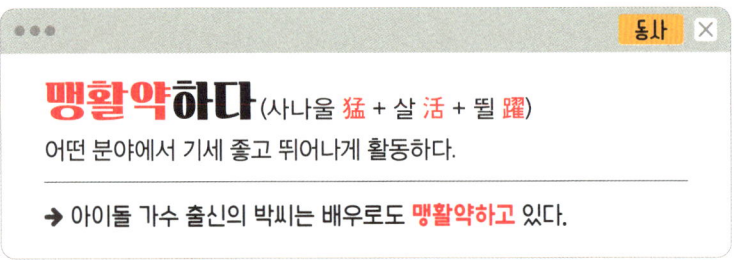

맹활약하다 (사나울 猛 + 살 活 + 뛸 躍) — 동사
어떤 분야에서 기세 좋고 뛰어나게 활동하다.
→ 아이돌 가수 출신의 박씨는 배우로도 **맹활약하고** 있다.

'활약하다'는 '기운차게 뛰어다니다', '활발하게 활동하다'의 뜻이에요. 여기에 '정도가 매우 심함'의 뜻을 더하는 접두사 '맹—'이 붙어서 눈부실 정도로 뛰어나게 활약하다란 뜻이 되었어요.

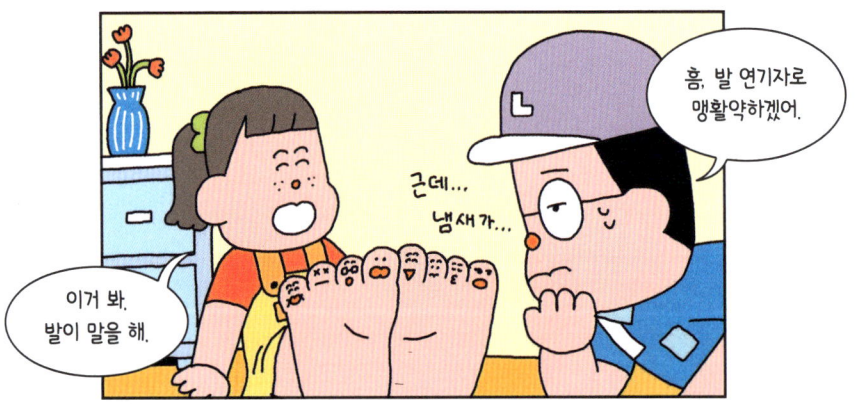

어맛! 말맛 살리는 **뉴스 어휘 퀴즈**

❶ 한국 최초로 아카데미 여우조연상 수상의 ,가 전해졌다.

힌트 1 '기쁜 기별이나 소식'이라는 뜻이에요.
힌트 2 반대말은 '슬픈 소식'의 '비보'예요.

❷ K-팝, K-드라마 등 K-컬처 ㅇ,ㅍ이 불고 있다.

힌트 1 '매우 세차게 일어나는 기운이나 기세'를 비유적으로 이르는 말이에요.
힌트 2 본래는 '몹시 사납고 거세게 부는 바람'을 뜻해요.

교양 방송의 묘미

이런 뜻이 있어요

명사

교양 (가르칠 敎 + 기를 養)
사회적 경험, 학식을 바탕으로 사회생활 등 여러 분야에 걸쳐 쌓은 지식이나 품위.

→ 교양을 쌓기에는 책이 좋은 수단이다.

'교양'은 사회생활에 필요한 폭넓은 지식이에요. '평소 닦아 놓은 학문이나 지식'을 의미하는 '소양'과 비슷하게 쓰여요. 뉴스나 예능 프로그램이 아닌, 정보 전달을 목적으로 만든 프로그램을 흔히 '교양 프로그램'이라고 불러요.

명사

예능 (재주 藝 + 능할 能)
연극·영화·음악·미술 따위의 예술과 관련된 능력을 통틀어 이르는 말.

→ 요즘 인기 있는 예능 프로그램이 뭐지?

동사

편성하다 (엮을 編 + 이룰 成)
방송 프로그램의 계획을 짜거나 세우다.

→ 올 추석에는 인기 영화를 집중 편성하여 방영하였다.

'재주와 기능'을 아울러 이르는 '예능'은 다양한 연예 분야를 이르는 말이에요. 보통 방송에서 드라마나 교양 프로그램과 차별하여 웃음을 주는 프로그램을 '예능 프로그램'이라고 해요.

이 말은 원래 '예산, 조직 등을 짜서 이루다'의 뜻이에요. 또 이야기나 줄거리, 계획 등을 엮어 모아서 '책, 신문, 영화 따위를 만들다'의 의미도 있어요.

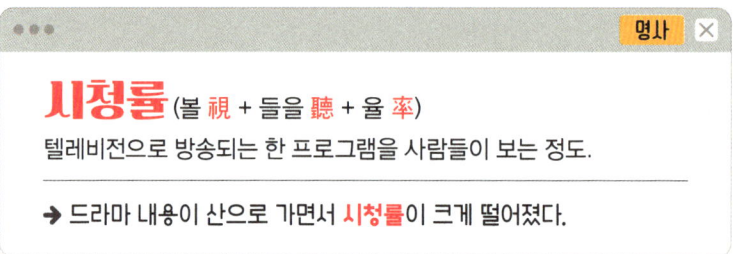

시청률 (볼 視 + 들을 聽 + 율 率)
텔레비전으로 방송되는 한 프로그램을 사람들이 보는 정도.

→ 드라마 내용이 산으로 가면서 **시청률**이 크게 떨어졌다.

텔레비전 프로그램을 보는 사람을 '시청자'라고 하고, 그들이 보는 정도를 비율로 나타낸 것이 '시청률'이에요. 시청률이 높다는 건 프로그램 인기가 많다는 뜻이에요. 많은 사람이 보기 때문에 광고 효과가 커요.

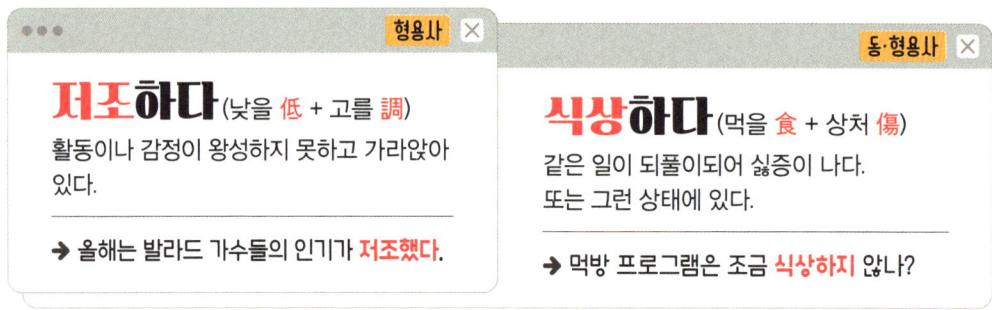

저조하다 (낮을 低 + 고를 調)
활동이나 감정이 왕성하지 못하고 가라앉아 있다.

→ 올해는 발라드 가수들의 인기가 **저조했다**.

식상하다 (먹을 食 + 상처 傷)
같은 일이 되풀이되어 싫증이 나다.
또는 그런 상태에 있다.

→ 먹방 프로그램은 조금 **식상하지** 않나?

'저조하다'는 본래 '음의 가락이 낮다'를 뜻해요. 여기에서 확장되어 어떤 성적이 좋지 못하거나 활동이 왕성하지 못할 때도 써요.

이 말은 본래 '어떤 음식을 자꾸 먹어 물리다'의 뜻인데, 확장되어 일이나 사물이 되풀이되어 질린다는 뜻으로 자주 쓰여요. 비슷한 말에는 '낡아서 새롭지 못하다'의 '진부하다'가 있어요.

어맛! 말맛 살리는 뉴스 어휘 퀴즈

❶ 배우가 를 떨며 관객을 웃겼다.

- 힌트 1 '수다스럽게 떠벌려 늘어놓는 말이나 짓'이에요.
- 힌트 2 흙구덩이나 바닥에 물건이 빠지지 않게 늘어놓던 나뭇가지에서 유래했어요.

❷ 올림픽 중계 때문에 일일 드라마는 입니다.

- 힌트 1 '방송을 하지 못함'이라는 뜻이에요.
- 힌트 2 '일정 기간 방송되던 프로그램이나 드라마 등이 끝남'은 '종방'이라고 해요.

프로야구 중계로 드라마가 결방이래요!

안 돼~!

잠적의 이유

이런 뜻이 있어요

명사

잠적 (자맥질할 潛 + 자취 跡)
종적을 아주 숨김.

→ 그는 **잠적** 1년 만에 대중 앞에 다시 모습을 드러냈다.

'잠적'은 갈 곳을 알리지 않은 채 흔적을 남기지 않고 사라진 거예요. 비슷한 말에는 '숨다', '사라지다'가 있고, 반대말에는 '나타나다', '등장하다'가 있어요.

명사

이미지 (image)
어떤 사람이나 사물로부터 받는 느낌.

→ 그 배우는 서민적인 **이미지**가 강하다.

명사

실추 (잃을 失 + 떨어질 墜)
명예나 위신 따위를 떨어뜨리거나 잃음.

→ 그는 경솔한 발언으로 반듯한 이미지 **실추**를 초래했다.

이 말은 어떤 사물이나 사람에 관하여 마음에 바로 떠오르는 그림이나 그것에서 느껴지는 인상을 말해요. 비슷한 말에는 '마음속에 떠오르는 인상이나 느낌'을 뜻하는 '심상'이 있어요.

'실추'는 품위나 신뢰를 잃어서 체면을 구기거나 창피당하는 거예요. '권위 실추', '이미지 실추' 등으로 써요. 비슷한 말에는 '위신이나 가치 따위가 떨어짐'을 뜻하는 '추락'이 있어요.

 이런 뜻이 있어요

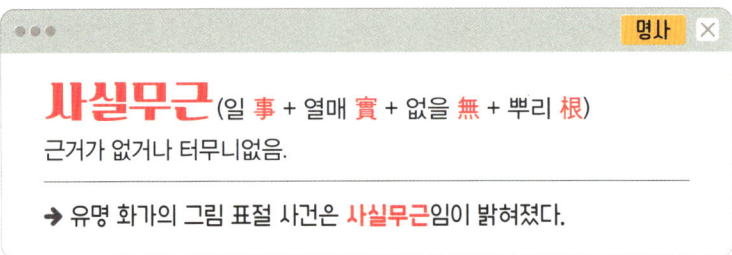

이 말은 '뿌리도 열매도 없는 것' 즉, 전혀 사실에 근거하지 않은 것을 말해요. '근거 없이 떠도는 소문'을 뜻하는 '뜬소문', '터무니없는 헛소문'의 '낭설'과도 연관 있는 말이에요.

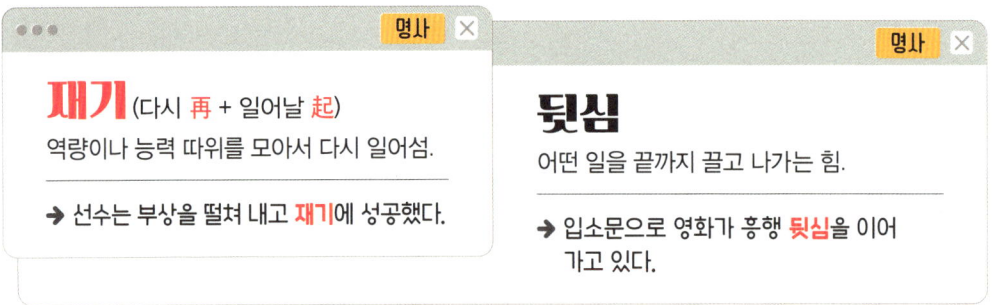

운동선수나 연예인이 슬럼프에 빠졌다가 다시 옛 영광을 되찾고자 노력할 때, "재기를 노린다."란 표현을 쓰곤 해요. 실패나 좌절을 딛고 다시 일어선다는 뜻이에요.

'뒤+심'이 합쳐진 말로, 본래는 '남이 뒤에서 도와주는 힘'을 의미해요. 뜻이 확장되어 어떤 일을 끝까지 견뎌 내는 힘, 막판에 나타나는 힘으로 쓰여요. '뒤의 힘'이라 생각하여 '뒷힘'이라고 하기 쉬운데, 이는 비표준어이니 주의하세요.

어맛! 말맛 살리는 뉴스 어휘 퀴즈

❶ 세계 각국 유명 가수들이 속속들이 ㄴ,ㅎ 하고 있다.

- 힌트 1 '외국인이 한국에 오다'의 뜻이에요.
- 힌트 2 비슷한 말로는 '한국에 방문하다'의 '방한하다'가 있어요.

❷ 단독 콘서트를 ㅂ,ㅂ,ㅋ 하는 무대를 선보였다.

- 힌트 1 '~을 ○○○ 하다'로 쓰여 '무엇과 같다고 느끼게 하다'를 뜻해요.
- 힌트 2 기본형인 '방불하다'는 '거의 비슷하다'의 뜻이에요.

실시간 투표 결과

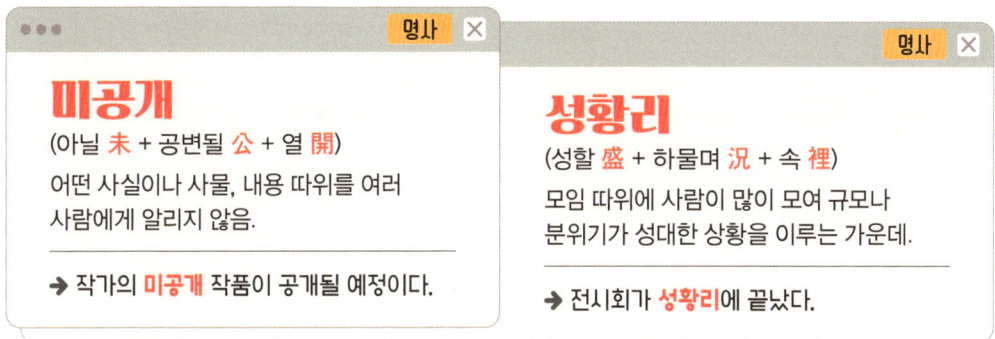

이 말은 아직 뭔가를 알리거나 보이지 않는 거예요. 참고로 '비공개'는 '어떤 사실이나 내용을 일부러 알리거나 보이지 않음'을 뜻해요. 의미에서 차이가 있으니, 구별해 쓰세요.

보통 '성황리에'의 꼴로 쓰여요. 이와 같은 구조의 어휘 중에서 '절찬리'는 '지극한 칭찬을 받는 가운데'라는 뜻이고, '비밀리'는 '관련 당사자 이외에 남이 모르는 가운데'란 뜻이에요.

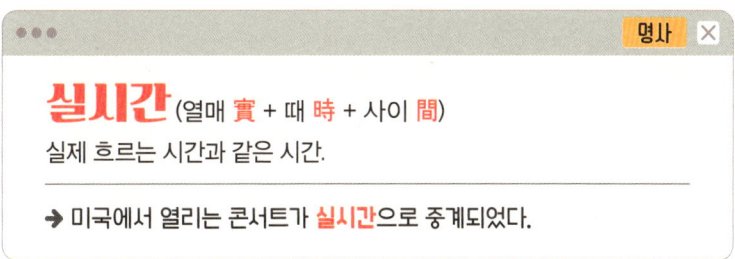

'실시간 방송'이란 미리 녹화한 것이 아닌 제작과 동시에 방송이 이루어지는 것을 말해요. 비슷한 의미로는 일본 어휘에서 온 '생방송' 또는 '생방' 그리고 순화한 용어인 '현장 방송' 모두 쓰고 있어요.

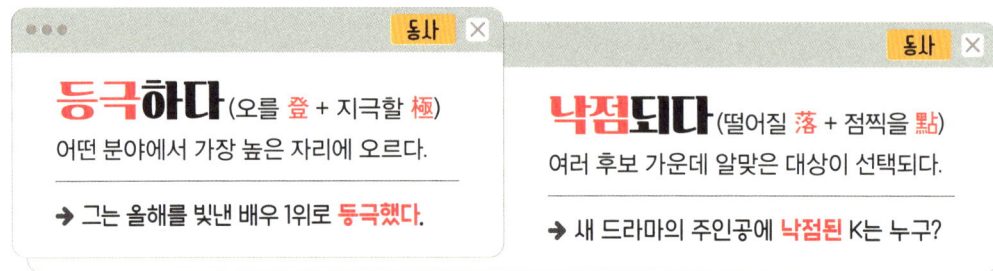

이 말은 원래 '임금의 자리에 오르다'의 뜻이에요. 높은 자리나 지위를 가지는 것도 '등극하다'라고 하는데, 최고일 때 써야 해요. "빌보드 2위에 등극하다."라는 표현은 적절하지 않아요.

조선 시대에는 2품 이상의 관리를 뽑을 때 임금이 3명의 후보 중에서 골라 이름 위에 점을 찍었어요. 이를 '낙점'이라 했고, 여기에서 여럿 중에서 마땅한 사람을 선택한다는 뜻이 나왔어요.

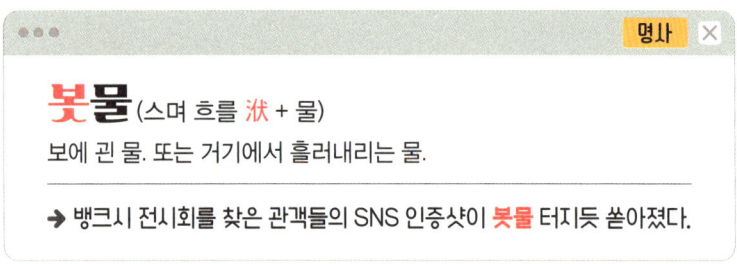

'보'는 '논에 물을 대기 위해 만드는 수리 시설로, 둑을 쌓아 흐르는 냇물을 막고 그 물을 담아 두는 시설'이에요. 비가 많이 오면 보를 터서 안에 고여 있는 물을 빼 줘야 해요. 이때 세차게 터져 나오는 물을 보고 "봇물 터진다."라고 했어요.

어맛! 말맛 살리는 뉴스 어휘 퀴즈

❶ ㅈ ㅇ 같은 대사가 모두를 설레게 했다.

- 힌트 1 '구슬과 옥'을 아울러 이르는 말이에요.
- 힌트 2 아름다운 문장이나 작품을 수식할 때 쓰이곤 해요.

❷ 그는 화려한 개인기를 선보이며 ㅇ ㄱ ㅁ ㅇ 중이다.

- 힌트 1 '계획적인 노력이나 행동으로 인기를 얻어내는 일'을 말해요.
- 힌트 2 참고로 '어떤 큰 추세의 분위기로 만들어 가는 일'은 '바람몰이'라고 해요.

가로 풀이

① 어떤 분야에서 앞으로 잘될 가능성이 많은 사람.
③ 실제 흐르는 시간과 같은 시간.
④ 옷을 여미기 위해 사용하는 작고 동그란 물건.
⑥ 어떤 일에 실패한 후 노력하여 다시 일어섬.
⑧ 학교에서, 미술 수업을 하는 데 이용하는 교실.
⑨ 개인의 사적인 일상생활.
⑩ (ㄱ) 물건의 겉면에 나타난 모양.
　 (ㄴ) 장식하기 위해 넣는 여러 가지 문양.
⑪ 일하러 직장에 나오거나 나감.
⑬ 단군이 고조선을 건국한 날을 기념하기 위한 국경일. 10월 3일.
⑮ 모임 따위에 사람이 많이 모여 규모나 분위기가 성대한 상황을 이루는 가운데.

세로 풀이

❷ 말의 새끼.
❸ 명예나 위신 따위를 떨어뜨리거나 잃음.
❺ 빙하 시대에, 저위도 지방에 있던 빙하는 녹아 없어지고, 고위도 지방에만 빙하가 존재하였던 시기.
❼ 어떤 사람이나 사물로부터 받는 느낌이나 인상.
❾ 근거가 없거나 터무니없음을 이르는 말.
⑫ 활짝 편 새의 두 날개. ○○를 치다.
⑭ 더할 수 없을 만큼 지극히 칭찬을 받는 가운데.

성적 지상주의

이런 뜻이 있어요

동사

주목하다 (물 댈 注 + 눈 目)
관심을 가지고 주의 깊게 보거나 살피다.

→ 김연아는 세계인이 **주목하는** 스포츠 스타이다.

'주목하다'와 비슷한 말에는 '눈여겨보다', '뭔가에 관심을 기울여 살피다'를 뜻하는 '주시하다'가 있어요. 교실에서 선생님들이 "주목!"이라는 말을 많이 하는데, 학생들의 시선을 끌어 집중시키려는 의도예요.

명사

지상주의
(이를 至 + 위 上 + 주인 主 + 옳을 義)
무엇 하나만을 가장 중요한 것으로 생각하는 주의.

→ 외모 **지상주의**에 빠지면 안 된다.

이 말은 제일 으뜸으로 생각하는 것이 무엇이냐에 따라서 '성적 지상주의', '외모 지상주의', '학벌 지상주의', '연애 지상주의' 등으로 폭넓게 쓰여요.

동사

지양하다 (그칠 止 + 오를 揚)
더 높은 단계로 오르기 위하여 어떠한 일을 하지 않다.

→ 시합 전 과한 음식 섭취는 **지양해야** 한다.

이 말은 더 발전된 단계로 나아가기 위해 어떤 행동을 하지 않는 거예요. 그런데 '어떤 목표에 뜻이 쏠려 향하다'의 '지향하다'와 혼동하여 쓰곤 해요. 두 말은 전혀 반대의 뜻이에요.

107

 이런 뜻이 있어요

명사

불굴 (아닐 不 + 굽을 屈)
온갖 어려움에도 굽히지 않음.

→ **불굴**의 의지로 장애를 극복하고 챔피언이 되었다.

'굴하다'는 '어떤 세력이나 어려움에 뜻을 굽히다'예요. 앞에 한자 '아닐 불(不)'이 붙어서 반대 의미가 되었어요. 주로 '불굴의' 형태로 '불굴의 노력', '불굴의 영웅' 등으로 많이 써요.

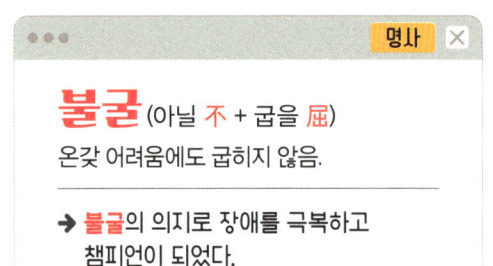

동사

선전하다 (착할 善 + 싸움 戰)
경기 등에서 있는 힘을 다해 잘 싸우다.

→ 강팀을 상대로 **선전한** 선수들에게 우레와 같은 박수가 쏟아졌다.

명사

찬사 (기릴 讚 + 말씀 辭)
훌륭함을 드러내어 칭찬하는 말이나 글.

→ 이번 승리의 주역들에게 사람들이 아낌없는 **찬사**를 보냈다.

운동 경기에서 선수나 팀이 실력 이상으로 싸웠을 때 쓰는 말이에요. 이 말은 잘 싸웠음에도 패했을 때도 써요. "끝까지 선전했지만 결국 패배했다."처럼요. '졌지만 잘 싸웠다'의 의미예요.

뭔가를 완벽하게 해내는 사람들을 보면 박수나 격려, 멋진 글로 응원해요. '찬사'는 단순한 축하를 넘어 칭찬과 감탄의 마음이 들어간 말이에요. 칭찬받아 마땅한 사람에게 보내는 것이지요.

어맛! 말맛 살리는 **뉴스 어휘 퀴즈**

※ 아래 빈칸에 어울리는 말을 고르세요.

❶ ☐☐☐☐☐☐ 에 빠져
돈이면 뭐든지 할 수 있다고 생각하면 안 돼.

힌트 1 '돈만 있으면 무엇이든 다 될 수 있다는 사고방식이나 태도'예요.
힌트 2 비슷한 말로 '돈을 가장 최고로 여겨 지나치게 숭배하는 태도'의 '배금주의'가 있어요.

① 천민자본주의
② 직접민주주의
③ 황금만능주의

❷ 연장전에서 한국 팀이 골든골을 넣으며
☐☐ 을 거두었다.

힌트 1 '경기 따위에서 힘들게 겨우 이김'이라는 뜻이에요.
힌트 2 반대말은 '힘들이지 않고 쉽게 이김'을 뜻하는 '낙승'이에요.

① 필승
② 신승
③ 저승

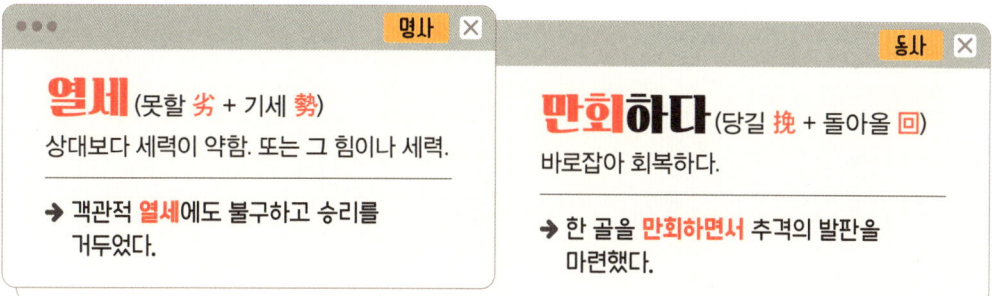

'나음과 못함'을 뜻하는 '우열'을 생각하면 돼요. '열세'는 어떤 기세나 힘이 약한 걸 말해요. 반대말 '우세'는 '상대편보다 세력이 앞서가거나 나음'이란 뜻이에요.

이 말은 잃은 것이나 뒤떨어지는 것을 원래 상태로 되돌리거나, 맞먹는 다른 것으로 대신하는 거예요. 점수 차가 있는 상황에서 지고 있을 때 넣는 골을 '만회골'이라고 해요.

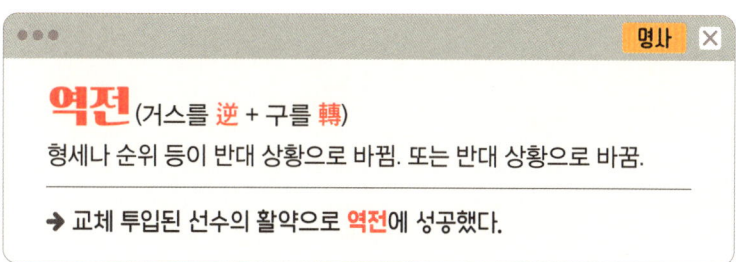

일이 돌아가는 상황이나 경기의 흐름이 뒤집히는 걸 말해요. 이럴 때 비슷한 말은 '일의 형세가 뒤바뀜'의 '반전'이에요. 또 '역전'은 '정상적인 방향에 대해 거꾸로 회전함'이라는 뜻도 있어요. 이럴 때 비슷한 말은 '거꾸로 돌아감'을 뜻하는 '역회전'이에요.

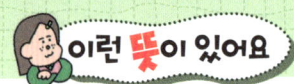 이런 뜻이 있어요

명사

득점포
(얻을 得 + 점찍을 點 + 돌쇠뇌 砲)
시합이나 경기에서 점수를 올리는 슛이나 안타 따위를 비유적으로 이르는 말.

→ 비기고 있던 경기에서 주장이 날린 **득점포**로 우승했다.

여기에서 '포'는 '대포'를 말해요. 점수를 마치 대포를 터뜨리는 것처럼 낸다는 의미예요. '승리의 득점포', '득점포를 날리다', '득점포가 터지다' 등으로 써요.

명사

절호 (끊을 絕 + 좋을 好)
무엇을 하기에 기회나 시기 따위가 더할 나위 없이 좋음.

→ 지난 대회의 패배를 갚아 줄 **절호**의 기회가 찾아왔다.

어떤 일을 하기에 아주 좋음을 말해요. 이 말은 단독으로 쓰이기보다 '기회'나 '찬스' 등의 어휘와 함께 쓰여요. '절호의 기회', '절호의 공격 찬스' 이렇게요.

명사

자책골
(스스로 自 + 꾸짖을 責 + goal)
상대편이 아닌 자기편 골문에 공을 잘못 넣는 일. 또는 그 공.

→ 공을 막다가 그만 **자책골**을 넣고 말았다.

실수로 상대편 골에 공을 넣어 상대에게 점수는 주는 일이에요. 예전에는 '자살골'이라고 했는데, 요즘은 잘 쓰지 않아요. '자책'은 '스스로 잘못했다고 꾸짖고 나무라는 것'이에요.

어맛! 말맛 살리는 뉴스 어휘 퀴즈

※ 아래 빈칸에 어울리는 말을 고르세요.

❶ 치열한 ☐☐ 끝에 경기는 무승부로 끝이 났다.

- **힌트 1** '서로 힘이 비슷하여 쉽게 승부가 나지 않는 경기나 전투'를 뜻해요.
- **힌트 2** 경기에서 치열하게 승부를 겨루었을 때 "○○을 벌였다."라고 해요.

① 접전   ② 도전   ③ 파전

❷ 퇴장당할 위기에 처한 선수는 억울함을 호소하며 비디오 ☐☐ 을 요구했다.

- **힌트 1** '어려운 문장이나 암호 등의 뜻을 헤아리며 읽음'이라는 뜻이에요.
- **힌트 2** 경기에서 오판이 생겼을 때 비디오 ○○을 통해 판정 시비를 가리곤 해요.

① 판결
② 촬영
③ 판독

정답 ❶ ① ❷ ③

영구 결번 선수

이런 뜻이 있어요

명사

영구 결번 (길 永 + 오랠 久 + 이지러질 缺 + 차례 番)

은퇴한 유명 선수의 활약을 기리기 위해 그 선수의 번호를 영구히 보전하는 일.

→ 이동국 선수의 등 번호 20번은 선수의 은퇴와 함께 **영구 결번**으로 지정되었다.

'결번'은 '여러 개의 번호 중에서 중간에 번호가 빠짐'이란 뜻이에요. 즉, '영구 결번'은 팀에 두드러지게 공헌한 선수의 등 번호를 후배 선수에게 주지 않고 영원히 기리는 거예요. 해당 번호가 선수를 상징하는 것이므로 선수에게는 최고의 영예예요.

명사

무실점 (없을 無 + 잃을 失 + 점찍을 點)

운동 경기나 승부에서 점수를 잃지 않음.

→ **무실점**으로 경기를 이끈 골키퍼가 MVP로 뽑혔다.

동사

견인하다 (끌 牽 + 끌 引)

앞에서 이끌며 일을 주도하다.

→ 농구 결승전에서 주장 혼자 무려 30득점을 내며 팀의 우승을 **견인했다**.

경기에서 점수가 나면 공격 측에서는 '점수를 얻음'의 '득점', 수비 쪽은 '점수를 잃음'의 '실점'이 돼요. 마찬가지로 '무실점'은 '점수를 잃지 않은 것', '무득점'은 '점수를 내지 않은 것'이에요.

원래 '물체를 끌어서 당기다'의 뜻이에요. 이 말이 확장되어 어떤 일을 앞장서서 이끄는 것으로도 쓰여요. 참고로 불법 주차를 했거나 고장 난 차량을 끌고 가는 차를 '견인차'라고 해요.

이런 뜻이 있어요

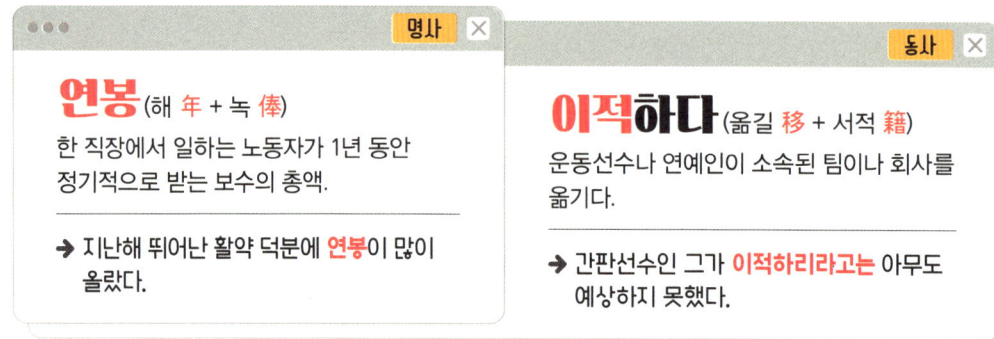

명사
연봉 (해 年 + 녹 俸)
한 직장에서 일하는 노동자가 1년 동안 정기적으로 받는 보수의 총액.
→ 지난해 뛰어난 활약 덕분에 **연봉**이 많이 올랐다.

동사
이적하다 (옮길 移 + 서적 籍)
운동선수나 연예인이 소속된 팀이나 회사를 옮기다.
→ 간판선수인 그가 **이적하리라고는** 아무도 예상하지 못했다.

노동의 대가로 받는 보수를 '임금' 또는 '봉급'이라고 해요. '연봉'은 '1년을 기준으로 정하여 지급하는 봉급'이에요. 이를 월 단위로 받으면 '월급', 주 단위로 받는다면 '주급'이 되지요.

원래 법률 용어로 '한집안 사람들의 신분이 적힌 문서(호적)를 옮기다'의 뜻이에요. 이 말이 확장되어 다른 소속으로 옮기는 것을 '이적'이라 하게 되었어요.

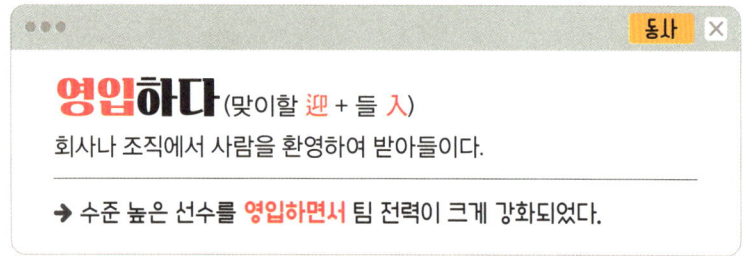

동사
영입하다 (맞이할 迎 + 들 入)
회사나 조직에서 사람을 환영하여 받아들이다.
→ 수준 높은 선수를 **영입하면서** 팀 전력이 크게 강화되었다.

이 말은 회사나 정당 등에서 함께 일할 사람을 맞이하는 거예요. 영입당한 사람은 회사의 정식 구성원이 되는 것이지요. 어딘가에 영입되었다면 그만큼 유능한 인재라는 얘기예요.

어맛! 말맛 살리는 뉴스 어휘 퀴즈

※ 아래 빈칸에 어울리는 말을 고르세요.

❶ 투수가 평소 던지던 직구 대신에 ☐☐☐ 로 승부했다.

- 힌트 1 '야구에서 투수가 던진 공의 날아가는 방향이 변화하는 공'이에요.
- 힌트 2 이 공은 타자 가까이에서 휘거나 아래로 툭 떨어지기도 해요.

① 강속구　　② 관악구　　③ 변화구

❷ 한때 ☐☐ 위기에 몰렸던 선수가 메이저 리그에 진출했다.

- 힌트 1 원래 '물리쳐 내쫓음'이라는 뜻이에요.
- 힌트 2 이렇게 된 선수들은 다른 팀과 계약하거나 다른 리그로 옮겨 가곤 해요.

① 방귀
② 방출
③ 방수

신기록 경신

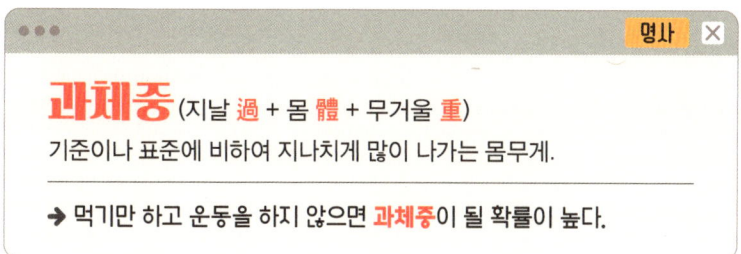

과체중 (지날 過 + 몸 體 + 무거울 重) 〈명사〉
기준이나 표준에 비하여 지나치게 많이 나가는 몸무게.
→ 먹기만 하고 운동을 하지 않으면 **과체중**이 될 확률이 높다.

'과체중'은 키에 대응한 표준 체중보다 큰 체중이에요. 보통 표준 체중의 110% 이상이에요. 과체중이더라도 역도 선수처럼 체지방보다 근육이 더 발달한 사람도 있어요. 반면 '몸속에 근육량보다 지방 조직이 과한 상태'이면 '비만'이라고 해요. 표준 체중의 120% 이상이면 비만 판정을 받아요.

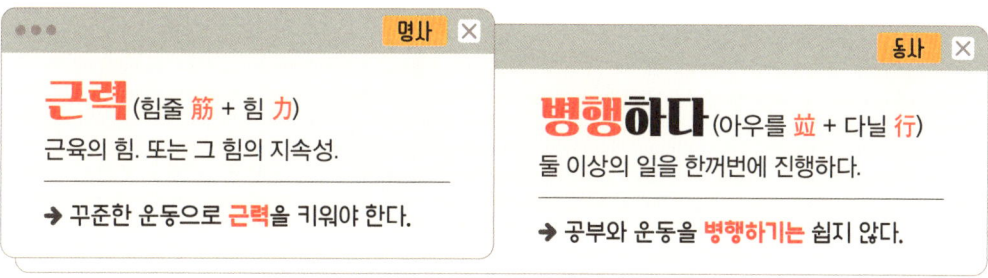

근력 (힘줄 筋 + 힘 力) 〈명사〉
근육의 힘. 또는 그 힘의 지속성.
→ 꾸준한 운동으로 **근력**을 키워야 한다.

병행하다 (아우를 竝 + 다닐 行) 〈동사〉
둘 이상의 일을 한꺼번에 진행하다.
→ 공부와 운동을 **병행하기**는 쉽지 않다.

이 말은 '일을 할 수 있는 육체적인 힘'이란 뜻도 있어요. '근력이 뛰어나다', '근력이 부치다' 등으로 써요.

'병행하다'는 '둘 이상의 뭔가가 나란히 가다'의 뜻도 있어요. 이때는 "자유와 평등이 병행하여 민주화를 이끌었다."처럼 써요.

 이런 뜻이 있어요

동사

감량하다 (덜 減 + 헤아릴 量)
수량이나 무게를 줄이다.

→ 올림픽에 출전하기 위해 3킬로그램을 **감량했다**.

이 말은 본래 있던 것보다 무게나 양을 줄이는 거예요. 비슷한 말로는 '양이나 수치를 줄이다'의 '감소하다'가 있어요. 반대말은 '수량을 늘리다'의 '증량하다'예요.

형용사

왕성하다 (성할 旺 + 성할 盛)
기력이나 세력이 한창 활발하다.

→ 태화강 새끼 숭어 떼 **왕성한** 먹이 활동, 진풍경!

명사

경신 (고칠 更 + 새 新)
운동 경기에서 이미 있던 기록보다 더 좋은 기록을 냄.

→ 김 선수는 4년 만에 올림픽 기록 **경신**에 도전한다.

'왕성하다'는 기운이 엄청 활발한 거예요. '왕성한 호기심', '왕성한 생명력' 등이 그렇지요. 비슷한 말에는 '기운차다', 반대말에는 '기운이 약해지다'의 '쇠퇴하다'가 있어요.

'경신'은 본래 '이미 있던 것을 새롭게 고침'이란 뜻이에요. 이 뜻이 확장되어 육상이나 역도 같은 경기에서 전보다 더 좋은 기록이 나오면 "기록을 경신했다."라고 표현해요.

어맛! 말맛 살리는 뉴스 어휘 퀴즈

※ 아래 빈칸에 어울리는 말을 고르세요.

❶ 올림픽을 ☐☐ 하기 위해 각국이 치열한 경쟁을 펼쳤다.

- **힌트 1** '행사나 사업 따위를 이끌어 들이는 것'을 말해요.
- **힌트 2** '관객이나 관중을 끌어모을 때'도 이 말을 써요.

① 유치   ② 유혹   ③ 유인

❷ 수많은 영입 제의에도 불구하고 그는 팀에 ☐☐ 의사를 밝혔다.

- **힌트 1** '팀을 옮기지 않거나 뒤에 처져 남아 있음'이라는 뜻이에요.
- **힌트 2** 농산물에 농약이 남아 있을 때도 이 말을 써요.

① 탈퇴
② 이적
③ 잔류

허점을 노리다

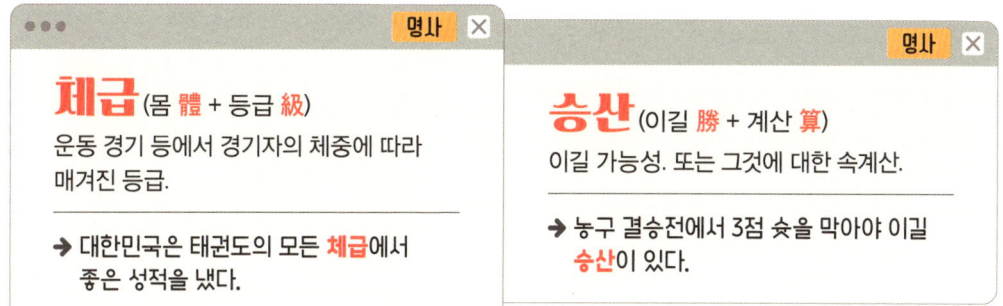

'체급'은 권투, 레슬링, 유도, 역도 등에서 쓰는 등급이에요. 종목별 선수는 체급에 맞는 선수와 대결을 펼칠 수 있어요. 체급이 무거운 편에 속하면 '중량급'이라고 해요.

'승산'은 경기에서 이길지 질지에 관해 마음속으로 계산하는 것도 포함해요. 비슷한 말로는 '승계', '승세'가 있어요. 모두 '이길 만한 가망이나 성공할 기세'를 말해요.

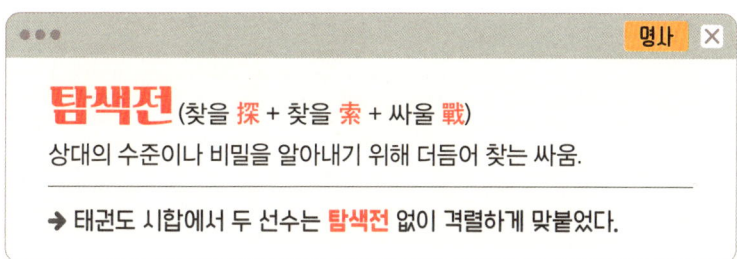

'탐색'은 '드러나지 않은 사물이나 현상 등을 찾아내거나 밝히기 위해 살핌'이에요. '탐색전'은 본격적인 싸움이나 시합 전에 상대의 수준과 능력 등을 알아내는 일이에요. '치열한 탐색전', '팽팽한 탐색전' 등으로 써요.

123

| 명사 |

허점 (빌 虛 + 점찍을 點)
주의가 미치지 못하거나 치밀하지 못해 빈틈이 생긴 부분.

→ 상대의 **허점**을 놓치지 않고 공략하여 승리를 거두었다.

'허점'은 충분하지 않거나 빈틈이 있는 점이에요. 비슷한 말에는 '맹점', '빈틈', '약점', '결점' 등이 있어요. '헛점'으로 잘못 알고 쓰는 경우가 있는데, 바른 말은 '허점'이니 기억하세요.

| 명사 |

경고 (경계할 警 + 아뢸 告)
운동 경기나 조직 생활에서 규칙이나 규범을 어겼을 때 주는 벌칙의 하나.

→ 경기 중 두 번 **경고**를 받으면 퇴장이다.

| 명사 |

징계 (혼날 懲 + 경계할 戒)
옳지 않은 행동에 대해 벌 주거나 제한함.

→ 경기 중 심판에게 대든 선수가 한 경기 출장 정지라는 **징계**를 받았다.

스포츠에서 경기 중 규칙을 어기거나 고의로 반칙하는 선수는 조심하거나 삼가라는 '경고'를 받아요. 축구 경기에서는 심판이 선수에게 '옐로 카드'를 보이는데, 두 번 받으면 퇴장을 당해요. '경고'와 비슷한 말에는 '경계', '주의'가 있어요.

'징계'는 잘못을 뉘우치도록 벌을 내리거나 어떤 행동을 하지 못하게 하는 거예요. 스포츠에서는 스포츠맨십에 어긋나는 행동을 하는 사람에게 가해지는 처벌을 뜻하는데, 주로 벌금이나 경기 출장 정지가 내려져요.

어맛! 말맛 살리는 뉴스 어휘 퀴즈

※ 아래 빈칸에 어울리는 말을 고르세요.

❶ 그는 경기 전날 수영을 깎으면 경기에서 지는 ☐☐☐ 가 있다.

힌트 1 '으레 그렇게 되는 것으로 생각되는 불운한 일'을 말해요.
힌트 2 본래는 '재수 없는 일이나 불길한 징조의 물건'을 뜻해요.

① 징크스
② 증후군
③ 징징이

❷ 한국 선수 최초로 3관왕에 오르는 ☐☐ 을 토했다.

힌트 1 '불꽃처럼 대단한 기세'를 말해요.
힌트 2 '뛰어난 활약을 펼치거나 성과를 냈을 때 주로 쓰는 말'이에요.

① 기적   ② 기침   ③ 기염

정답 ❶ ① ❷ ③

가로 풀이

① 단단한 줄기에 가지와 잎이 달린, 여러 해 동안 자라는 식물. 모여서 숲을 이룸.
③ 은퇴한 유명 선수의 활약을 기리기 위해 그 선수의 번호를 영구히 보전하는 일.
⑤ 시합이나 경기에서 점수를 올리는 숫이나 안타 따위를 비유적으로 이르는 말.
⑦ 자기의 이익보다는 다른 사람의 이익을 더 중요하게 생각하는 마음.
⑨ 자연적으로 만들어진 것이 아닌 사람의 힘으로 이루어진 것.
⑩ 유람이나 항해, 경주 등에 쓰는 속도가 빠르고 가벼운 서양식의 작은 배.
⑫ 달리기 경기를 할 때 출발점으로 그어 놓은 선.
⑬ 상대의 수준이나 비밀을 알아내기 위해 더듬어 찾는 싸움.
⑮ 경기에서 이김과 짐. 승패. ○○를 내다.

세로 풀이

❷ 운동 경기나 승부에서 점수를 잃지 않음.
❸ 회사나 정당 등에 함께 일할 사람을 받아들임.
❹ (ㄱ) 야구, 권투 등의 운동 경기에서 승패를 가르는 결정적인 타격.
  (ㄴ) 일의 결과에 결정적인 영향을 미치는 행동이나 사건.
❺ 투표에서 찬성표를 얻음. 또는 얻은 찬성표.
❻ 농구나 탁구 등의 운동 경기에 점수를 얻음. 또는 그 점수를 나타내는 외래어.
❼ 운동선수나 연예인이 소속된 팀이나 회사를 옮김.
❽ 운동 경기에서 규칙을 지키고 어기는 것이나 승부를 가려내는 사람.
⓫ 운동 경기에서 성적이 부진한 선수들이 다른 팀이나 리그로 옮겨 가는 일.
⓮ 경기에서 지고 있다가 형세가 뒤바뀌어 이김.

악천후 뒤에

 이런 **뜻**이 있어요

명사

폭설 (나타낼 暴 + 눈 雪)
갑자기 많이 내리는 눈.

→ **폭설**로 곳곳에서 눈길 사고가 났다.

비슷한 말로는 '세차게 쏟아지다가 그치는 눈'인 '소나기눈', '아주 많이 오는 눈'을 뜻하는 '대설'이 있어요. 한자 '폭(暴)'은 '갑작스럽게, 사납다'란 뜻이 있어요. 그래서 '갑작스럽게 많이 내리는 비'를 '폭우', '아주 심한 더위'를 '폭염'이라고 해요.

명사

대설 주의보 (큰 大 + 눈 雪 + 물 댈 注 + 뜻 意 + 갚을 報)
눈이 많이 내릴 것을 대비해 그 피해를 예방하도록 기상청에서 알리는 소식.

→ 수도권 일대에 **대설 주의보**가 발령되었다.

동사

발효되다 (필 發 + 본받을 效)
조약, 법, 공문서 따위의 효력이 나타나다.

→ 지난밤 **발효된** 태풍 주의보가 오전 10시를 기해 해제되었다.

'대설 주의보'는 '24시간 쌓인 눈의 양이 5센티미터 이상 예상될 때 기상청이 알리는 주의보'예요. 이보다 더 심각해서 '24시간 동안 내린 눈의 양이 20센티미터 이상 예상될 때'는 '대설 경보'로 바뀌어요.

이 말은 어떤 법률이나 규칙의 작용이 일어나는 거예요. '무역 협정이 발효되다', '특별법이 발효되다'처럼요. 비슷한 말로는 '법적 권한이 쓰여지게 되다'의 '발동되다'가 있어요.

이런 뜻이 있어요

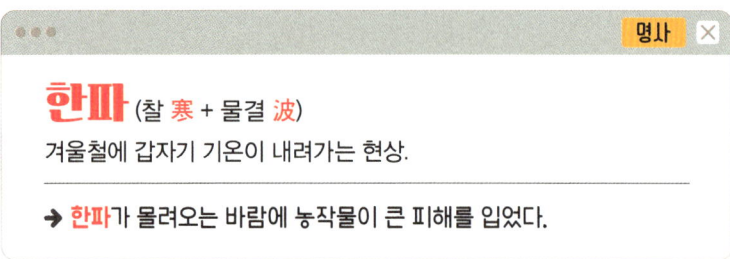

한파 (찰 寒 + 물결 波) — 명사

겨울철에 갑자기 기온이 내려가는 현상.

→ **한파**가 몰려오는 바람에 농작물이 큰 피해를 입었다.

겨울철에 온도가 갑자기 내려가면서 들이닥치는 매서운 추위가 '한파'예요. 북쪽에 있던 차가운 기운의 한랭 전선이 위도가 낮은 곳으로 이동하면서 기온을 내리는 거예요.

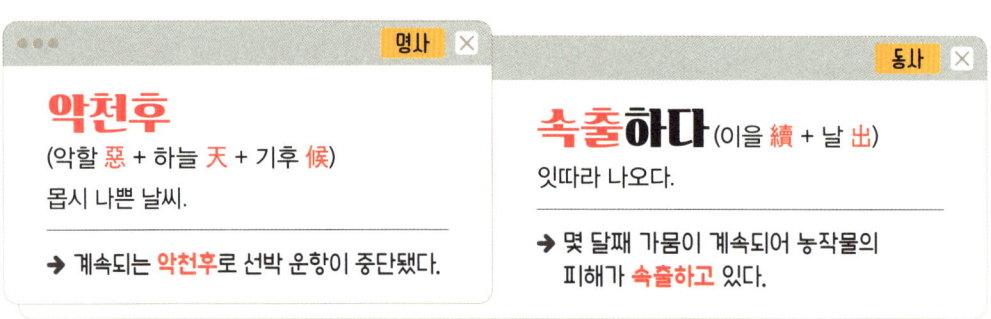

악천후 — 명사
(악할 惡 + 하늘 天 + 기후 候)
몹시 나쁜 날씨.

→ 계속되는 **악천후**로 선박 운항이 중단됐다.

속출하다 (이을 續 + 날 出) — 동사

잇따라 나오다.

→ 몇 달째 가뭄이 계속되어 농작물의 피해가 **속출**하고 있다.

태풍이나 폭설, 폭우 등 궂은 날씨를 가리켜 '악천후'라고 해요. 반대말에는 '좋은 기후'를 뜻하는 '호천후'가 있어요.

어떤 현상이 계속해서 나오는 걸 '속출하다'라고 해요. 비슷한 말로 '잇따라 생겨나다'의 '속생하다'가 있어요.

어맛! 말맛 살리는 **뉴스 어휘 퀴즈**

❶ 오늘은 ㅇ,ㄴ 이맘때 날씨보다 포근한 편이다.

힌트 1 '보통의 해'를 뜻해요.
힌트 2 일기 예보에서 '지난 30년간 기후의 평균적 상태'를 이르는 말이에요.

❷ 폭설과 영하의 날씨로 빙판길 ㄴ,ㅅ 사고가 잇따르고 있다.

힌트 1 '떨어지거나 넘어져서 다침. 또는 그런 상처'를 말해요.
힌트 2 어린이나 어른들은 특히 이 사고를 조심해야 해요.

불쾌지수 낮추는 법

> **명사**
> **체감 온도** (몸 體 + 느낄 感 + 따뜻할 溫 + 법도 度)
> 사람이 몸으로 느끼는 추위나 더위 정도를 수치로 나타낸 온도.
> → 비가 와서 **체감 온도**가 더 낮아졌다.

'체감 온도'는 기온, 온도, 풍속, 일사량 등에 따라 우리 몸이 느끼는 더위와 추위를 수치로 나타낸 거예요. 비슷한 말로는 '감각 온도', '인지 온도'가 있어요.

> **동사**
> **육박하다** (고기 肉 + 엷을 薄)
> 어떤 수치나 수준에 바짝 가까이 다가서다.
> → 강물이 위험 수위에 **육박해서** 비상이다.

> **형용사**
> **후덥지근하다**
> 조금 답답할 정도로 더운 느낌이 있다.
> → 연일 **후덥지근한** 날씨가 이어지고 있다.

이 말은 '어떤 장소 등에 바짝 다가붙다'의 뜻도 있어요. "적진에 육박해 열심히 싸웠다."처럼요. 비슷한 말로는 '가까이 다가가다'의 '접근하다'가 있어요.

'후덥지근하다'와 비슷한 말로는 '조금 불쾌할 정도로 끈끈하고 무더운 기운이 있다'의 '후텁지근하다'가 있어요. 둘 다 무더운 날씨에 자주 쓰이는 말로, 복수 표준어예요.

이런 뜻이 있어요

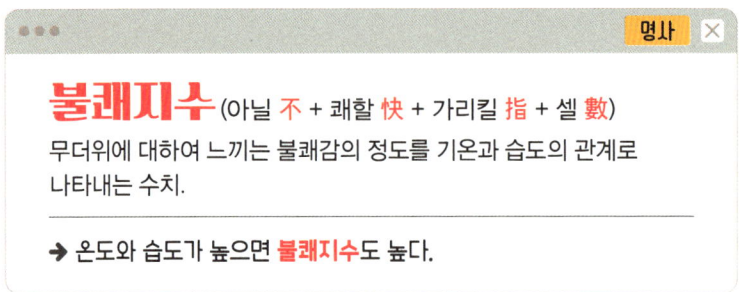

'불쾌지수'는 기온과 습도에 따라 우리 몸이 불쾌감을 느끼는 정도를 숫자로 나타낸 거예요. 보통 수치가 80 이상이면 대부분 안 좋은 기분을 느낀다고 해요. 비슷한 말에는 '온습지수'가 있어요.

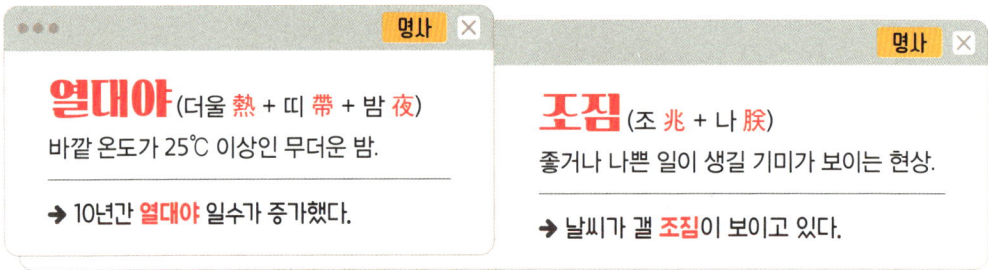

'열대야'는 열대 지방처럼 무덥고 습한 밤을 이르는 말이에요. 한낮에 달구어진 기온이 밤에도 떨어지지 않아서 잠을 설치게 되지요.

'조짐'은 '금과 틈'이란 뜻으로, 언제 갈라질지 모르는 미리 드러내 보이는 징조를 가리켜요. 비슷한 말로는 '징조', '징후', '낌새' 등이 있어요.

어맛! 말맛 살리는 **뉴스 어휘 퀴즈**

❶ 가 이어지면서 가만히 있어도 땀이 줄줄 흐른다.

힌트 1 '뜨거운 김을 쐬는 것처럼 몹시 무더운 여름철의 더위'를 말해요.
힌트 2 비슷한 말로는 '가마솥더위'가 있어요.

❷ 땡볕에서 오랜 시간 일하면 에 걸린 것처럼 어지럽다.

힌트 1 '강한 햇빛을 오래 받아서 일어나는 병'으로, 머리가 아프고 심한 경우 쓰러져요.
힌트 2 비슷한 말 '열사병'은 '무덥고 습한 날씨에 열을 밖으로 내보내지 못해서 생기는 병'이에요.

기상 특보 뜨다

기상 특보 (기운 氣 + 징조 象 + 특별할 特 + 갚을 報) 〈명사〉
기상에 갑작스러운 변화나 이상 현상이 생겼을 때 이를 경고하기 위해 특별히 하는 보도.

→ 방송사들이 일제히 **기상 특보**를 전했다.

'특보'는 '언론이나 미디어를 통해 특별히 알리는 소식'이에요. '기상 특보'의 경우, 폭우, 폭설, 태풍 등 날씨에 갑작스러운 변화가 생겼을 때 내보내요. 시시각각 변하는 자료를 기상청이 분석하고 예보하면, 사람들은 거기에 맞게 대비를 할 수 있어요.

가을장마 〈명사〉
가을철에 여러 날 동안 계속해서 내리는 비.

→ 지루한 **가을장마**가 8일께 끝날 것으로 보인다.

북상 (북녘 北 + 위 上) 〈명사〉
북쪽을 향하여 올라감.

→ 태풍의 **북상** 속도가 예상보다 빨라 오늘 밤 우리나라에 상륙할 예정이다.

우리나라의 장마 기간은 보통 6월 하순부터 8월 중순까지예요. '가을장마'는 초가을쯤에 우리나라에 계속해서 비를 뿌려요. 가을 결실을 앞둔 농작물이 큰 피해를 당하지요.

'북상'과 비슷한 말로 '북진'이 있는데, 이는 '북쪽으로 공격하여 올라감'이라는 뜻으로, 날씨와 관련해 쓸 때는 어울리지 않아요. 반대말은 '남쪽으로 내려감'의 '남하'예요.

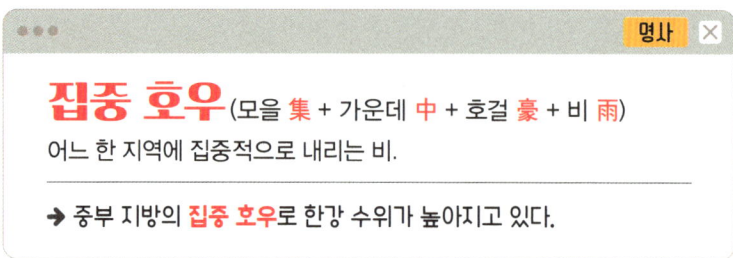

집중 호우 (모을 集 + 가운데 中 + 호걸 豪 + 비 雨)
어느 한 지역에 집중적으로 내리는 비.

→ 중부 지방의 **집중 호우**로 한강 수위가 높아지고 있다.

'호우'는 '줄기차게 내리는 많은 양의 비'예요. 비슷한 말은 '장대처럼 굵고 거세게 내리는 비'의 '장대비', '물을 퍼붓듯이 세차게 내리는 비'의 '억수'가 있어요. '집중 호우'는 그런 비가 일정 지역에 한꺼번에 내리는 거예요.

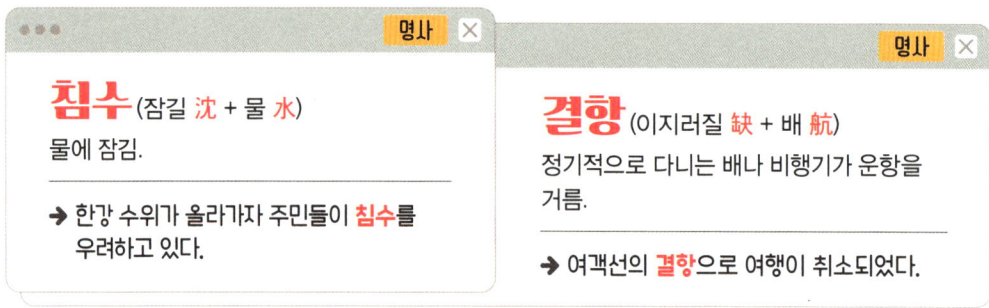

침수 (잠길 沈 + 물 水)
물에 잠김.

→ 한강 수위가 올라가자 주민들이 **침수**를 우려하고 있다.

결항 (이지러질 缺 + 배 航)
정기적으로 다니는 배나 비행기가 운항을 거름.

→ 여객선의 **결항**으로 여행이 취소되었다.

지리학에서는 해수면이 높아져 육지가 바닷물에 잠기는 걸 '침수'라고 해요. 큰비가 내리면 강이나 개천이 범람하고, 낮은 지역은 침수 피해를 입기도 해요.

이 말은 예정되어 있던 배나 비행기가 어떤 사정으로 제때 다니지 못하게 되는 거예요. '여객선 결항', '항공기 결항' 등으로 많이 쓰여요.

어맛! 말맛 살리는 **뉴스 어휘 퀴즈**

❶ 계속되는 폭우로 산간 지역 곳곳에서
　　ㅅㅅㅌ 가 발생했다.

- 힌트 1) '큰비나 지진, 화산 등으로 산에서 돌과 흙이 한꺼번에 무너져 내리는 일'이에요.
- 힌트 2) '많이 쌓였던 눈이 갑자기 빠른 속도로 미끄러져 내리는 현상'을 '눈사태'라고 해요.

❷ 폭우의 빗줄기가 약해지면서
　　잠시 ㅅㄱㅅㅌ 에 접어들었다.

- 힌트 1) '소란하던 것이 그치고 잠깐 잠잠해진 상태'를 말해요.
- 힌트 2) 싸움이나 날씨 상황 변화 등에 자주 써요.

꽃샘추위 때문에

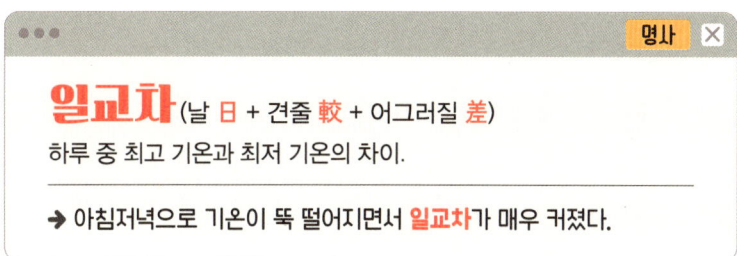

일교차 (날 日 + 견줄 較 + 어그러질 差)
하루 중 최고 기온과 최저 기온의 차이.

→ 아침저녁으로 기온이 뚝 떨어지면서 **일교차**가 매우 커졌다.

'일교차'는 하루 동안에 기온, 기압, 습도 등이 바뀌는 차이예요. 흐린 날이나 비 오는 날보다 맑은 날이 일교차가 더 큰데, 흐린 날에는 공기 중에 수증기량이 많아서 온도 변화가 덜하기 때문이에요.

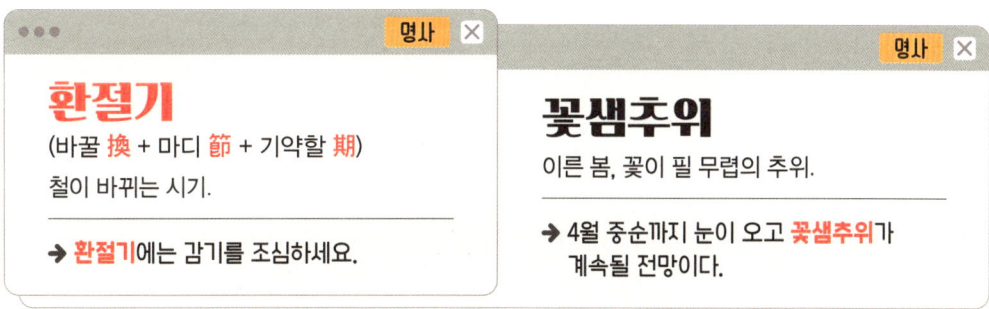

환절기 (바꿀 換 + 마디 節 + 기약할 期)
철이 바뀌는 시기.

→ **환절기**에는 감기를 조심하세요.

꽃샘추위
이른 봄, 꽃이 필 무렵의 추위.

→ 4월 중순까지 눈이 오고 **꽃샘추위**가 계속될 전망이다.

'환절기'는 다른 계절로 넘어가는 시기예요. 계절이 바뀌면 우리 몸은 온도 변화에 적응하려고 애쓰는데, 그러다 일교차가 커지면 감기나 기침에 시달리게 돼요. 그래서 환절기에는 건강을 잘 챙겨야 해요.

'꽃샘추위'는 '꽃이 피는 시기를 시샘하는 추위'라 하여, 이른 봄에 갑작스럽게 찾아오는 일시적인 이상 저온 현상을 말해요. 비슷한 말에는 '봄에 잎이 나올 무렵의 추위'를 뜻하는 '잎샘추위', '봄추위' 등이 있어요.

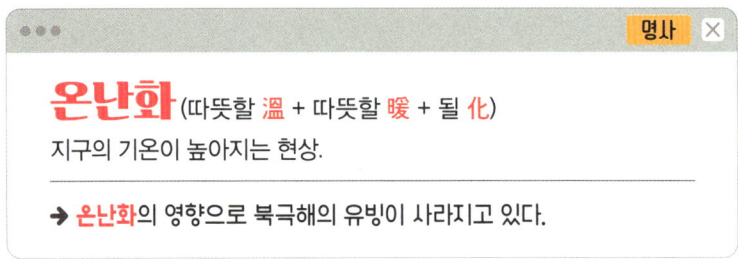

'지구 온난화'라고도 해요. 화석 연료 사용에 따른 온실가스의 증가로 지구가 점점 따뜻해지고 있는 현상이에요. 지난 100년 동안 지구의 온도가 평균 1℃가량 오른 결과, 북극의 빙하가 녹고 지구상에 이상 기후가 더 빨리 나타나고 있어요.

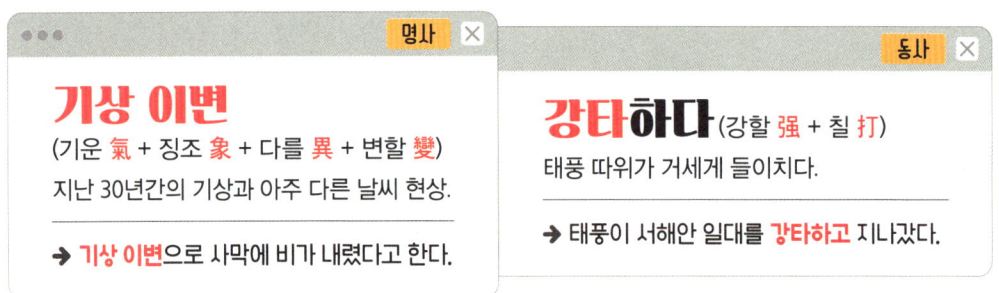

'기상 이변'은 날씨나 기후에서 미처 예상 못한 이상한 일이 생기는 거예요. 한여름에 내리는 폭설, 겨울에 발생하는 홍수 등이 그래요.

'강타하다'는 본래 '세게 치다'예요. 이 말이 날씨에서는 태풍이나 극심한 추위 등이 세게 나타나 큰 피해를 준다는 의미로 쓰여요.

어맛! 말맛 살리는 뉴스 어휘 퀴즈

❶ 우중충한 ㅈㄱㅇ 날씨 때문에 기분도 좋지 않다.

- 힌트 1 '주위의 기압보다 더 낮은 기압'이란 뜻으로, 반대말은 '고기압'이에요.
- 힌트 2 '기분이나 분위기가 매우 좋지 않은 상태'를 가리키기도 해요.

❷ 환절기에는 ㅁㅇㄹ이 떨어지지 않게 건강 관리를 잘해야 한다.

- 힌트 1 '몸 밖에서 들어온 병균을 이겨 내는 힘'이에요.
- 힌트 2 이것을 높이려면 규칙적인 습관과 충분한 수면이 중요해요.

정답 ❶ 저기압 ❷ 면역력

미세 먼지와 등산

이런 뜻이 있어요

명사

미세 먼지 (작을 微 + 가늘 細)
눈으로 보이지 않을 정도로 입자가 아주 작은 먼지.

→ 오늘 **미세 먼지** 농도는 전 권역에서 '보통' 수준을 보일 전망이다.

명사

비상 저감 조치 (아닐 非 + 항상 常 + 낮을 低 + 덜 減 + 둘 措 + 둘 置)
미세 먼지 수준이 심각할 때 이를 줄이고자 취하는 여러 가지 방법.

→ 수도권에서 올해 첫 **비상 저감 조치**를 시행했다.

'미세 먼지'는 공기 중에 떠다니는 아주 작은 먼지로, 지름이 10마이크로미터(1마이크로미터 = 1,000분의 1밀리미터) 이하예요. 미세 먼지보다 더 작은 먼지는 '초미세 먼지'라고 해요.

'저감'은 '낮추어 줄임', '조치'는 '문제를 처리하기 위해 세운 대책'을 말해요. '비상 저감 조치'는 미세 먼지가 지속되는 경우, 이를 줄여 대기질을 좋게 하려고 차량 부제, 사업장 근무 시간 단축 등을 실시하는 거예요.

동사

발령하다 (필 發 + 명령할 令)
긴급한 상황에 대한 소식이나 보도를 발표하다.

→ 미국 오리건과 워싱턴주 일대에 폭염 경보를 **발령**했다.

'발령하다'는 본래 '직책이나 직위의 임명, 이동 등과 관련된 명령을 내리다'의 뜻이에요. '교수로 발령하다', '시골로 발령하다'처럼요. 일기 예보에서는 긴박한 상황에서 경보를 내리는 걸 말해요.

147

 이런 뜻이 있어요

황사 (누를 黃 + 모래 砂) 〔명사〕
중국 대륙에서 강한 바람을 타고 오는 미세한 모래 먼지.

→ 전국 대부분이 중국발 **황사** 영향권에 들겠다.

자제하다 〔동사〕
(스스로 自 + 억제할 制)
자신의 욕구나 감정을 스스로 억누르고 다스리다.

→ 미세 먼지 농도가 높은 날에는 외출을 **자제합시다**.

'황사'는 본래 '누른빛의 모래'예요. 우리나라에는 봄철에 중국의 사막, 황토 지대에서 편서풍을 타고 날아와요.

'자제하다'는 뭔가 하고자 하는 것을 억지로 참는 거예요. 비슷한 말로는 '삼가다', '걷잡다', '억제하다', '누르다' 등이 있어요.

쾌청하다 (쾌할 快 + 갤 晴) 〔형용사〕
구름 한 점 없이 날씨가 맑고 산뜻하다.

→ 당분간 **쾌청한** 가을 날씨가 이어질 전망이다.

하늘이 활짝 개어 날씨가 맑을 때 '쾌청하다'라고 해요. 비슷한 말로는 '날씨나 바람이 온화하고 맑다'의 '화창하다'가 있어요. 반대되는 느낌의 말로는 '날씨가 흐리고 으스스하다'의 '음산하다'가 있어요.

어맛! 말맛 살리는 **뉴스 어휘 퀴즈**

❶ 짙은 안개로 ㄱ,ㅅ,ㄱ,ㄹ 가
1킬로미터도 채 되지 않았다.

힌트 1 '눈으로 볼 수 있는 거리'를 가리키는 말이에요.
힌트 2 '방송국 전파가 방해받지 않고 TV 영상으로 비칠 수 있는 거리'를 뜻하기도 해요.

❷ 내일 오전까지 ㄷ,ㅍ 과 함께 천둥 번개가
치는 곳이 있어 각별히 주의해야 한다.

힌트 1 '갑자기 강하게 부는 바람'을 말해요.
힌트 2 '갑자기 나타나 사람들에게 큰 인기를 얻거나 영향을 미치는 현상'을 가리키기도 해요.

가로 세로

십자말풀이 ⑥

①		❷			③	❹
				⑤		
⑥	❼		❾			
	⑧				⑩	
⓬				⑪		
		⑭	⓯			⓰
⑬					⑰	

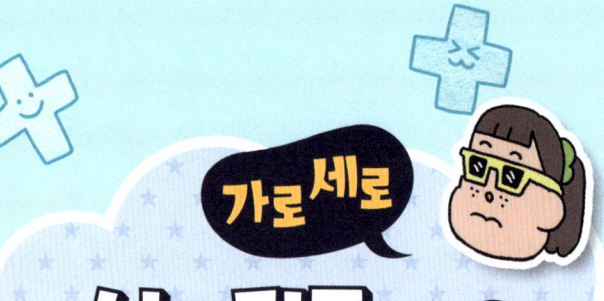

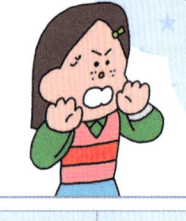

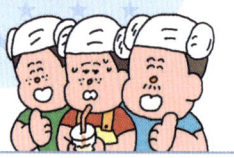

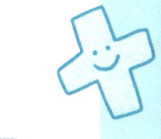

가로 풀이

① 소란하던 것이 그치고 잠시 잠잠해진 상태를 가리켜요.
③ 지구를 둘러싸고 있는 모든 공기.
⑤ 땅 위에 쌓여 있는 눈의 양.
⑥ 바람, 비, 구름, 눈 등의 대기 속에서 일어나는 현상.
⑧ 온돌을 놓아 바닥을 따뜻하게 한 방.
⑩ 일정한 자격을 가지고서 병을 진찰하고 치료하는 일을 직업으로 하는 사람.
⑪ 탈것을 타지 않고 걸어감.
⑬ 무더위에 대하여 느끼는 불쾌감의 정도를 기온과 습도의 관계로 나타내는 수치.
⑭ 폐에서 목구멍을 통해 공기가 거친 소리를 내며 갑자기 터져 나오는 일.
⑰ 주사기를 통해 사람이나 동물의 몸에 액체로 된 약물을 직접 넣는 일.

세로 풀이

❶ 갑자기 세차게 쏟아지다가 곧 그치는 비.
❷ 잎이 쭈글쭈글하고 넓은, 주로 쌈을 싸서 먹는 녹색 채소.
❸ 24시간 쌓인 눈의 양이 5센티미터 이상 예상될 때 기상청이 알리는 주의보.
❹ 기술적인 재주나 솜씨.
❼ 항상 일정하게 유지되는 온도.
❾ 건물 안이나 방 안의 온도를 높여 따뜻하게 하는 일.
⓬ 잎나무나 검불 따위를 모아 놓고 피우는 불.
⓮ 상황에 맞게 빠르게 문제를 해결하고 대처하는 꾀.
⓯ 물에 잠김.
⓰ 봄철에 중국 대륙에서 날아오는 누런 모래.

먹통과 혼선

 이런 **뜻**이 있어요

IT 기술의 맛

먹통 [명사]

물건이나 서비스 따위가 제대로 작동하지 않음.

→ 노트북 마우스가 **먹통**이 되었다.

'먹통'은 전화가 안 되거나 기기 작동이 안 되는 거예요. 그런데 '자기 생각만 고집스럽게 주장하는 답답한 사람'이란 뜻으로 놀릴 때도 이 말을 써요. '맹꽁이', '멍텅구리' 등과 함께요.

악성 (악할 惡 + 성품 性) [명사]

나쁘고 독한 성질.

→ **악성** 댓글을 다는 것은 범죄 행위이다.

이 말은 '병이 잘 낫지 않아서 생명을 위협할 정도로 심함'이라는 뜻도 있어요. '악성 종양'처럼요. 이때의 반대말은 '병이 수술이나 치료로 완치될 수 있는 상태'란 뜻의 '양성'이에요.

감염되다 (느낄 感 + 물들일 染) [동사]

병균이 식물이나 동물의 몸 안으로 들어가 퍼지다.

→ 악성 바이러스에 **감염된** 컴퓨터를 며칠째 복구 중이다.

'감염되다'는 통신 분야에서 '컴퓨터 바이러스가 컴퓨터의 하드 디스크나 파일에 들어가 고장이 나다'의 뜻으로 많이 쓰여요. 또 '나쁜 버릇이나 환경 등의 영향을 받아 물들다'의 뜻도 있어요. 비슷한 말로는 '전염되다'가 있어요.

 이런 뜻이 있어요

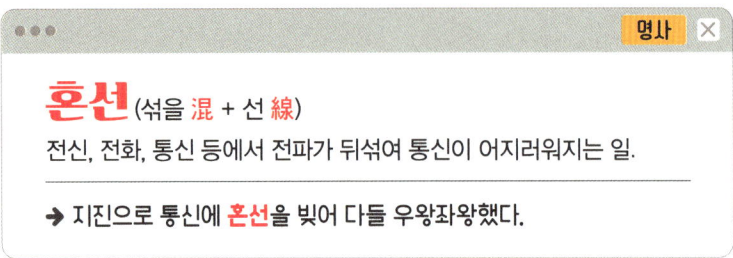

혼선 (섞을 混 + 선 線) · 명사
전신, 전화, 통신 등에서 전파가 뒤섞여 통신이 어지러워지는 일.

→ 지진으로 통신에 **혼선**을 빚어 다들 우왕좌왕했다.

'혼선'은 본래 통신 상태가 잘 안 되는 걸 표현하는 말이지만, 뜻이 확장되어 '말이나 일 등을 서로 다르게 이해하여 혼란이 생김'을 의미하기도 해요. 또 "혼선된 전선을 푸느라 고생했다."처럼 '줄이 어지럽게 뒤섞인 상태'를 나타내기도 해요.

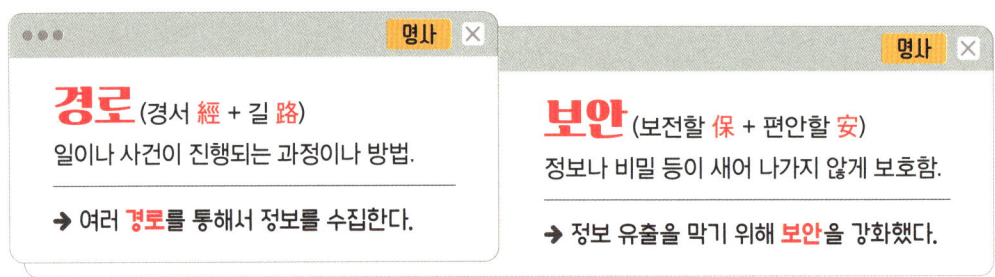

경로 (경서 經 + 길 路) · 명사
일이나 사건이 진행되는 과정이나 방법.

→ 여러 **경로**를 통해서 정보를 수집한다.

보안 (보전할 保 + 편안할 安) · 명사
정보나 비밀 등이 새어 나가지 않게 보호함.

→ 정보 유출을 막기 위해 **보안**을 강화했다.

'경로'의 본뜻은 '지나가는 길'이에요. 이 말이 일이 이루어지는 과정이나 해결 방법으로도 쓰여요. 비슷한 말에는 '순서', '절차' 등이 있어요.

'보안'은 정보가 중요시되는 현대 사회에서 꼭 필요한 장치예요. '바이러스나 해킹을 차단하는 프로그램'을 '보안 프로그램'이라고 해요.

어맛! 말맛 살리는 뉴스 어휘 퀴즈

※ 아래 빈칸에 어울리는 말을 고르세요.

❶ 온라인 서비스 개편에 대한 ☐☐☐들의 반응이 뜨거웠다.

- 힌트 1: '사이버 공간에서 활동하는 사람'을 뜻해요.
- 힌트 2: 영어로 '네티즌(netizen)'이라고도 하지요.

① 재간꾼 ② 누리꾼 ③ 소리꾼

❷ 웹 사이트를 통해 허위 사실이 ☐☐되고 있다.

- 힌트 1: '생각이나 말, 사물 따위가 세상에 널리 퍼지다'의 뜻이에요.
- 힌트 2: 주로 부정적인 소문이나 정보를 퍼뜨릴 때 이 표현을 써요.

① 유포
② 유인
③ 회포

메타버스 세상

메타버스 (metaverse) — 명사
가상 공간에서 현실 세계와 같은 사회·경제·문화 등의 활동이 이루어지는 3차원 가상 세계.

→ 기업들은 **메타버스**를 미래의 새로운 먹거리로 점찍었다.

'메타버스'는 '초월한'을 뜻하는 '메타(meta)'와 '세계'를 의미하는 '유니버스(universe)'가 합쳐진 말로, '현실을 초월하거나 현실과 가상이 뒤섞인, 확장 가상 세계'를 말해요. 1992년에 나온 소설인 《스노 크래시》 속 가상 세계에서 유래했는데, 앞으로는 현실의 한계를 넘어서 가상 세계에서 여러 활동을 하며 살게 될 전망이래요.

신드롬 (syndrome) — 명사
어떤 것이 사회적으로 널리 퍼져 병적일 정도로 좋아하고 따르는 현상.

→ 게임 로블록스가 메타버스 **신드롬**에 박차를 가했다.

'신드롬'은 의학에서 '여러 증세가 한꺼번에 있지만 원인을 알 수 없는 병적인 증상'을 말해요. 이 말이 확장되어서 뭔가를 좋아하는 현상이 사회를 휩쓸게 되는 상황을 말하게 되었어요.

아바타 (avatar) — 명사
가상 현실이나 온라인에서 자신의 역할을 대신하는 캐릭터.

→ MZ 세대는 가상 공간에서 **아바타**로 살아가는 게 자연스럽다.

이 말은 힌두교·불교에서 온 말로 '화신' 또는 '분신'을 뜻해요. 온라인상에서 사용자를 가상으로 표현한 캐릭터이자 자기 자신이기도 해요.

159

 이런 뜻이 있어요

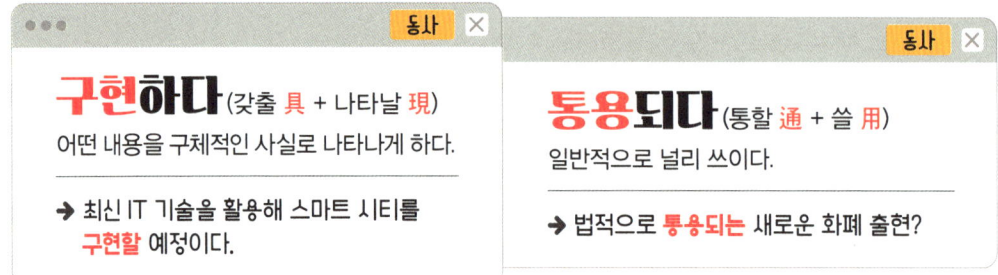

구현하다 (갖출 具 + 나타날 現)
어떤 내용을 구체적인 사실로 나타나게 하다.
→ 최신 IT 기술을 활용해 스마트 시티를 **구현할** 예정이다.

통용되다 (통할 通 + 쓸 用)
일반적으로 널리 쓰이다.
→ 법적으로 **통용되는** 새로운 화폐 출현?

'구현하다'는 어떤 내용이나 계획 등이 눈으로 직접 보거나 경험할 수 있는 모습으로 나타내는 거예요. 기술 쪽에서는 '실제로 작동할 수 있는 프로그램이나 시스템으로 만들다'란 뜻이 있어요. 비슷한 말로는 '실현하다'가 있어요.

'통용되다'는 '어떤 말이나 사물이 특정한 뜻과 수단으로 쓰이다'의 뜻도 있어요. '통용되는 언어'가 그렇지요. 또 '서로 넘나들어 널리 쓰이다'란 의미도 있어요. "회사에서 식권과 현금이 통용되기 시작했다."처럼요.

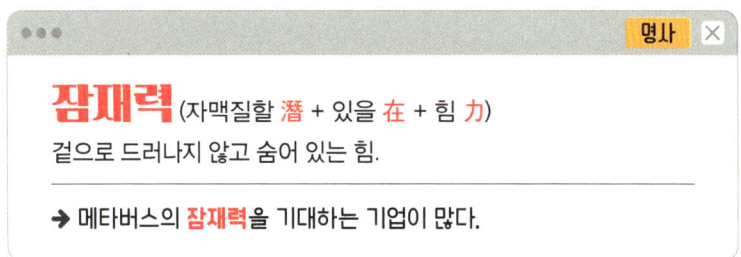

잠재력 (자맥질할 潛 + 있을 在 + 힘 力)
겉으로 드러나지 않고 숨어 있는 힘.
→ 메타버스의 **잠재력**을 기대하는 기업이 많다.

'잠재'는 '바깥으로 드러나지 않고 속에 잠겨 숨어 있음'을 뜻해요. 여기에 한자 '힘 력(力)'이 붙어서 당장 눈에 띄지는 않지만 언젠가는 드러나게 될 힘을 의미하게 되었어요. 비슷한 말에는 '겉으로 보이지 않지만 어려울 때 드러나는 든든한 힘'이란 뜻의 '저력'이 있어요.

어맛! 말맛 살리는 뉴스 어휘 퀴즈

※ 아래 빈칸에 어울리는 말을 고르세요.

❶ 앱 스토어는 콘텐츠를 사고파는 모바일 ☐☐☐ 이다.

- **힌트 1** '정보 시스템 환경을 개방하여 방대한 정보를 쉽게 활용할 수 있도록 제공하는 기반 서비스'를 말해요.
- **힌트 2** 본래 '역에서 기차를 타고 내리는 곳'을 뜻하는 영어 'platform'이에요.

① 플랫폼 ② 유니폼 ③ 기차역

❷ 코로나 19의 ☐☐☐ 로 비대면 서비스를 꼽고 있다.

- **힌트 1** '부닥친 위기나 어려움을 해결하는 실마리'를 뜻해요.
- **힌트 2** '상대 수비를 뚫고 들어갈 수 있는 기회나 방법'을 말해요.

① 장신구
② 돌파구
③ 강남구

정답 ❶ ① ❷ ②

증강 현실 속 강아지

이런 뜻이 있어요

명사

증강 현실 (더할 增 + 강할 強 + 나타날 現 + 열매 實)

현실 환경에 컴퓨터 센서를 통해 가상의 사물이나 환경을 겹쳐 보여 주는 기술.

→ **증강 현실**로 미술 작품을 감상할 수 있다.

명사

가상 현실 (거짓 假 + 생각 想 + 나타날 現 + 열매 實)

컴퓨터나 기기를 통해 실제가 아닌 가상의 세계를 체험하게 해 주는 기술.

→ 바닷속을 **가상 현실**로 실감 나게 즐겼다.

'증강'은 '수나 양을 늘려 강하게 함'이라는 뜻이에요. '증강 현실(Augmented Reality)'은 줄여서 'AR'이라고 부르기도 하는데, 실제 공간에 가상 정보를 덧붙여서 사용자가 받아들이게 하는 기술이에요. 스마트폰을 비추면 현실 배경의 화면 위로 이미지나 정보가 떠올라요.

본래 '가상 현실(Virtual Reality)'은 '현실이 아닌데도 실제처럼 보이게 하는 현실'로, 줄여서 'VR'이라고 해요. 현실과 다름없는 세계지만 실제로 존재하지는 않아요. VR 안경을 끼고 컴퓨터 프로그램이 만든 우주로 가서 여러 행성을 여행하는 것이 가상 현실의 한 예랍니다.

명사

실감형
(열매 實 + 느낄 感 + 거푸집 型)

실제로 체험하는 느낌이 나는 형태.

→ **실감형** 기술, 교육의 혁신을 이끌다!

'실감'은 '실제로 겪고 있다는 느낌'이에요. 비슷한 말로 '실제로 참이 되는 느낌'의 '사실감'이 있어요. '실감형'은 그러한 느낌이 나는 성질로, 여기에서 한자 '형(型)'은 '다른 것과 구별되는 특징을 이루는 유형이나 형태'란 뜻이에요.

접목하다 (접할 接 + 나무 木) — 동사
서로 다른 것들을 잘 어울리게 하여 새로운 것을 만들다.

→ 김 교수는 한의학과 서양 의학을 **접목한** 치료를 시도하고 있다.

'접목하다'는 본래 '어떤 나무에 다른 나무의 가지나 눈을 따다 붙이다'의 뜻이에요. 이렇게 하면 새 나무가 자라요. 이 뜻이 둘 이상의 다른 현상을 조화하게 한다는 의미로 확장되었어요.

출시 (날 出 + 시장 市) — 명사
상품을 시중에 내보냄.

→ 차세대 자동차가 **출시**를 앞두고 있다.

이 말은 '상품이 시중에 나옴'이라는 뜻도 함께 있어요. 비슷한 말에는 '생산자가 생산품을 시장에 냄'을 뜻하는 '출고'와 '출하'가 있어요.

임박 (임할 臨 + 닥칠 迫) — 명사
어떤 때가 가까이 닥쳐옴.

→ 품절 **임박**! 망설이지 말고 구매하세요!

'임박'과 비슷한 말에는 '기일이나 시기가 가까이 닥쳐옴'이란 뜻의 '박두'가 있어요. 영화 예고편에서 "개봉 박두!"라고 자주 써요.

164

어맛! 말맛 살리는 뉴스 어휘 퀴즈

※ 아래 빈칸에 어울리는 말을 고르세요.

❶ 과도한 스마트폰 사용이 ☐☐☐ 증후군을 불러일으키고 있다.

- **힌트 1** 눈높이보다 낮은 위치의 모니터를 내려다보는 경우, 이 동물처럼 목이 앞으로 구부러지는 부작용이 생겨난다는 데서 유래한 말이에요.
- **힌트 2** 이 증상이 생기면 척추에 부담이 가고, 목 근육이 늘어나요.

① 사자목　　② 기린목　　③ 거북목

❷ 스마트폰 보며 길 건너는 ☐☐☐☐ 증가에 대책 마련 시급!

- **힌트 1** '길에서 스마트폰을 보며 주변을 살피지 않고 걷는 사람'을 가리켜요.
- **힌트 2** '스마트폰'과 '좀비'를 합친 말로, 비슷한 말에 '스좀비'가 있어요.

① 마오리족
② 스몸비족
③ 캥거루족

캉캉! 위험하다개!

스팸 문자를 받다

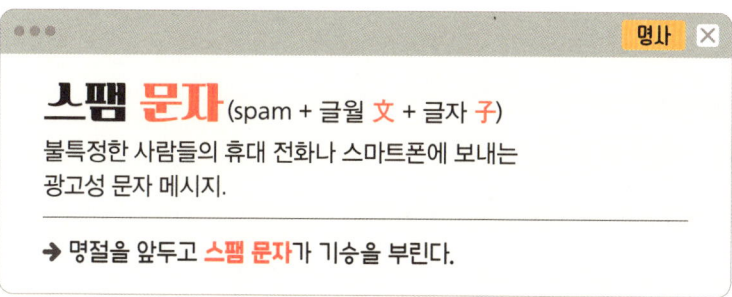

'스팸'은 미국 호멜 식품의 돼지고기 통조림 상표예요. 제조사는 상품 홍보를 위해 엄청난 물량의 광고를 진행했어요. 넘쳐나는 광고가 마치 공해 같다는 뜻에서, 사람들이 대량의 광고 문자나 메일 등을 '스팸'이라 부르게 되었어요.

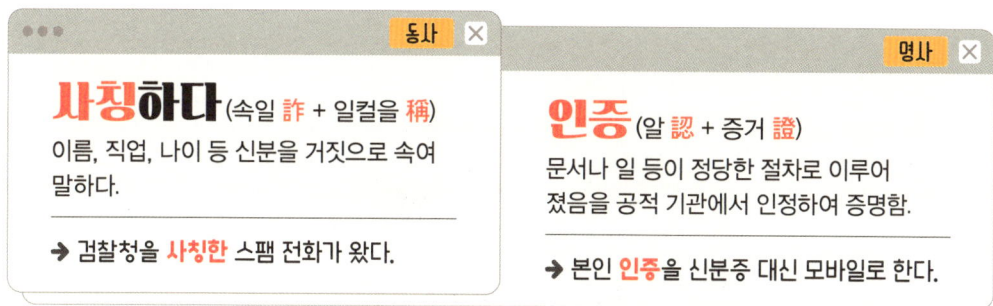

사기꾼들은 자신의 신상에 관해 거짓말을 하면서 상대에게 접근해요. '사칭하다'와 비슷한 말로는 '이름을 거짓으로 꾸며 대다'의 뜻을 가진 '모칭하다'가 있어요.

사회 기관을 통해서 어떤 일을 공식적으로 인정받는 것이 '인증'이에요. 참고로 '인증 샷'은 '어떤 행위가 실제로 있었다는 사실을 증명하기 위해 찍은 사진'으로, 같은 한자를 써요.

 이런 뜻이 있어요

연동하다 [동사]
(잇닿을 連 + 움직일 動)
기계나 장치에서 한 부분을 움직이면 연결된 다른 부분도 잇따라 함께 움직이다.

→ 앱과 **연동해서** 가전제품을 제어한다.

차단하다 [동사] (막을 遮 + 끊을 斷)
다른 것과의 관계나 접촉을 막거나 끊다.

→ 게임에서 욕설을 자주 하는 친구를 **차단했다**.

컴퓨터에서 보던 영상을 스마트폰이나 태블릿에서 이어서 볼 수 있는 것도 기기 간에 '연동'이 되어 있기 때문이에요. '연동'은 '연결되어 함께 움직임'의 뜻이에요.

'차단하다'는 본래 '액체나 기체 등의 흐름을 막거나 끊어서 통하지 못하게 하다'를 뜻해요. 이 말이 확장되어 관계를 막는 것까지 포함되었어요. 반대말에는 '문제 삼지 않고 허락하여 받아들이다'의 '허용하다'가 있어요.

치명적 [명사/관형사]
(이를 致 + 목숨 命 + 과녁 的)
일이 성공하고 실패하는 데에 중요한 영향을 주는, 또는 그러한 것.

→ 기기의 **치명적** 약점이 드러났다.

'치명적'은 본래 '생명이 위험할 수 있는, 또는 그러한 것'을 뜻하는 말이에요. 이것이 확장되어 어떤 일의 성공이나 명예가 도저히 회복할 수 없는 상태로 영향을 주는 것으로도 쓰이게 되었어요. 비슷한 말로는 '결정적'이 있어요.

어맛! 말맛 살리는 뉴스 어휘 퀴즈

※ 아래 빈칸에 어울리는 말을 고르세요.

❶ 유명 연예인 신분을 ☐☐ 한 스팸 메일이 기승을 부린다.

힌트 1 '남의 물건이나 돈을 허락 없이 몰래 씀'의 뜻이에요.
힌트 2 '상표 ○○', '신분증 ○○' 등으로 써요.

① 도산
② 도굴
③ 도용

❷ 개인 정보 유출에 대한 ☐☐☐ 이 커지고 있다.

힌트 1 '정신을 차리고 주의하며 경계하는 마음'을 뜻해요.
힌트 2 비슷한 말로는 '경계심'이 있어요.

① 경마장   ② 경각심   ③ 질투심

정답 ❶ ③ ❷ ②

융합하는 기술

인공 지능 (사람 人 + 장인 工 + 알 知 + 능할 能) 〔명사〕
판단, 생각, 학습 등 인간의 지능이 가지는 기능을 갖춘 컴퓨터 시스템.

→ **인공 지능** 센서로 실내 온도가 자동으로 조절된다.

'인공'은 '자연적인 것이 아니라 사람의 힘으로 만들어 낸 것'을 말해요. 비슷한 말로 '가공', '가짜' 등이 있어요. '인공 지능(Artificial Intelligence)'은 인간의 지능으로 할 수 있는 것들을 컴퓨터가 할 수 있도록 방법을 연구하는 공학 및 정보 기술의 한 분야예요. 영어 머리글자를 줄여서 'AI'라고도 해요.

빅 데이터 (big data) 〔명사〕
디지털 환경에서 만들어지는 어마어마한 양의 자료와 정보.

→ 인공 지능은 **빅 데이터** 기술을 만나 크게 발전하고 있다.

방대하다 (두터울 尨 + 큰 大) 〔형용사〕
규모나 양이 매우 크거나 많다.

→ 도서관에서는 **방대한** 자료를 전산 시스템으로 관리한다.

'빅 데이터'는 커다란 데이터 즉, 기존의 데이터베이스로는 수집·저장·분석 등을 하기 어려울 만큼 엄청난 양의 데이터를 말해요.

'방대하다'는 규모가 크고, 정보나 자료의 양이 예상한 것보다 훨씬 많을 때 쓰는 표현이에요. 비슷한 말에는 '장대하다', '광대하다'가 있어요.

 이런 뜻이 있어요

자율 주행 (스스로 自 + 법 律 + 달릴 走 + 다닐 行) [명사]

운전자가 직접 운전하지 않고, 차량 스스로 도로에서 달리게 하는 일.

→ 내년부터 **자율 주행** 로봇의 보도 통행을 허용하는 방안이 추진된다.

'자율'은 '남의 지배나 구속을 받지 않고 자신의 행동을 스스로 정한 원칙에 따라 통제하는 일'이에요. '자율 주행'은 사람의 도움 없이 주변 환경을 인식하여 스스로 운전하는 기술로, 이 안에는 엄청난 정보와 기술이 들어가 있어요.

융합하다 (녹을 融 + 합할 合) [동사]

서로 섞거나 조화시켜 하나로 합하다.

→ 메타버스 기술을 게임과 **융합해** 새로운 가상 세계를 만들고자 한다.

활성화 (살 活 + 성품 性 + 될 化) [명사]

사회나 조직 등의 기능이 활발하게 됨.

→ 디지털 산업 **활성화**를 위해 정부에서 적극적인 지원을 하고 있다.

'융합하다'는 다른 종류의 것이 녹아서 서로 하나로 합해지는 거예요. 현대 사회에서는 다양한 기술을 융합해 더 발전된 기술을 만드는 방식이 아주 중요해졌어요.

생명 공학에서는 이 말이 '생체 물질이 기능을 발휘함'이란 뜻이고, 화학에서는 '세포에서 일어나는 화학 작용이 활발해짐'을 뜻해요. 비슷한 말에는 '다그쳐 빨리 진행시킴'의 '촉진'이 있어요.

어맛! 말맛 살리는 뉴스 어휘 퀴즈

※ 아래 빈칸에 어울리는 말을 고르세요.

❶ 농업 분야에서 경쟁력을 높일 인공 지능 ☐☐☐ 구축에 나섰다.

> [힌트 1] '기초가 되도록 차려 놓거나 만들어 놓은 설비나 구조물'을 말해요.
> [힌트 2] '인프라스트럭처(infrastructure)'의 줄임말로, '기반 시설'이라고 하기도 해요.

① 인프라　　② 인간성　　③ 인절미

❷ 환경에 대한 중요성이 부각되면서 저탄소 에너지 소재가 ☐☐을 받고 있다.

> [힌트 1] '많은 사람의 관심 또는 사회적 주목과 인기'를 뜻해요.
> [힌트 2] 본래는 '무대 앞에서 배우를 비추어 주는 조명'을 말해요.

① 영광
② 각광
③ 관광

정답 ❶ ① ❷ ②

173

가로 풀이

① 현실이 아닌데도 실제처럼 보이게 하는 현실. VR.

③ 기침, 콧물, 두통, 오한의 증상이 있는, 전염성이 있는 병.

④ 거품을 내어 몸이나 옷에 묻은 때를 씻는 데 쓰는 물건.

⑥ 돈을 받고 남의 일을 해 주는 사람.

⑧ 음악적 시간을 구성하는 기본적 단위.

⑪ 많은 사람들의 관심 또는 사회적 주목과 인기.

⑫ 피를 온몸에 내보내는 신체 기관에 생기는 질환.

⑮ 물건이나 서비스 등이 제대로 작동 하지 않음.

⑰ 물체가 빛을 가려서 그 물체의 뒷면에 드리워지는 검은 그늘.

세로 풀이

❶ 종이나 머리카락 등을 자르는 도구.

❷ 실제로 체험하는 느낌이 나는 형태.

❺ 인터넷과 같은 사이버 공간에서 활동하는 사람.

❼ 어떤 때가 가까이 닥쳐옴.

❾ 남의 구속을 받지 않고 스스로의 원칙에 따라 자신의 행위를 통제 하는 일.

❿ 정신을 차리고 주의하는 마음.

⓭ 많은 사람들이 모이는 도시 가운데에 있는 넓은 곳.

⓮ 손가락을 모두 모아 쥔 손.

⓰ 식료품을 양철통에 넣고 오래 보관 하며 먹을 수 있도록 한 식품.

① 30쪽

출		선	언		공	약
마		구				
		자	신	감		꼼
타	협			자	충	수
	상	사	병		치	
진			원			기
보	수	적		평	등	권

② 54쪽

사	재	기			담	보
기		상	한	가		이
		경	청		계		스
		기		부	부		피
성	장		동		복	싱
수		자	산	가		
기	원	전		재	테	크

③ 78쪽

뺑	소	니		어	부	바
덕				제		자
어	린	이	날		후	회
멈			치		원	
		현		기	부	자
소	행			패		결
	범	칙	금		기	승

④ 102쪽

유	망	주		실	시	간
	아		단	추		빙
	지			재	기
이		사	생	활		
미	술	실		개	천	절
지		무	늬			찬
	출	근		성	황	리

5 126쪽

①나	②무		③영	구	④결	번
	실		입		정	
⑤득	⑥점	포		⑦이	타	⑧심
표		⑨인	위	적		판
	⑩요	트		⑭역		
⑪방			⑬탐	색	전	
⑫출	발	선		⑮승	부	

6 150쪽

①소	강	②상	태		③대	④기
나		추		⑥적	설	량
⑤기	⑦상		⑨난		주	
		⑧온	돌	방	⑩의	사
⑫모				⑪도	보	
닥		⑭기	침			⑮황
⑬불	쾌	지	수		⑯주	사

7 174쪽

①가	상	현	②실		④비	⑤누
위			③감	기		리
	⑦임		형		⑥일	꾼
	⑧박	⑨자		⑭주		
⑩경		율		⑮먹	⑯통	
⑪각	⑬광				조	
⑫심	장	병		⑰그	림	자

뉴스 어휘 찾아보기

ㄱ

가계부 … 51
가상 현실 … 163
가상 화폐 … 37
가성비 … 43
가시거리 … 149
가을장마 … 139
각광 … 173
갈등 … 24
감량하다 … 120
감염되다 … 155
강타하다 … 144
개입(하다) … 25
거북목 증후군 … 165
검증 … 28
견인하다 … 115
결방 … 93
결재하다 … 47
결제하다 … 47
결항 … 140
경각심 … 169
경고 … 124
경로 … 156
경선 … 17
경신 … 120
경위 … 64
공백 … 85
공석 … 19
공약 … 16
공작 … 27
과체중 … 119
교양 … 91
구현하다 … 160
극단적 … 23
근력 … 119

급부상하다 … 87
기권 … 16
기부자 … 76
기상 특보 … 139
기상 이변 … 144
기승 … 71
기염 … 125
꼼수 … 20
꽃샘추위 … 143

ㄴ

낙상 … 133
낙수 효과 … 45
낙점되다 … 100
날치기 … 73
낭보 … 89
내한(하다) … 97
너스레 … 93
뇌물 … 20
누리꾼 … 157
눈썰미 … 73

ㄷ

다수결 … 28
담보 … 36
담합 … 41
당선 … 16
대설 주의보 … 131
대출하다 … 35
대피하다 … 63
도용(하다) … 169
도주하다 … 59
독보적 … 88
돈줄 … 48
돌파구 … 161
돌풍 … 149
동의하다 … 28
동행하다 … 76
뒷심 … 96
득점포 … 112

등극하다 … 100
뜨거운 감자 … 45

ㄹ

레임덕 … 29
로드킬 … 61

##

만회하다 … 111
맹활약하다 … 88
먹통 … 155
메타버스 … 159
면역력 … 145
무사하다 … 64
무실점 … 115
미공개 … 99
미세 먼지 … 147

ㅂ

바자회 … 77
발령하다 … 147
발효되다 … 131
방대하다 … 171
방불케 하다 … 97
방출 … 117
방화 … 65
배후 … 69
범칙금 … 61
변화구 … 117
병행하다 … 119
보궐 … 19
보수적 … 23
보안 … 156
보이스 피싱 … 37
본전 … 44
봇물 … 100
부당하다 … 11
부동산 … 52
부채 … 35

북상 … 139
분양 … 43
불가피하다 … 24
불굴 … 108
불쾌지수 … 136
비공개 … 27
비대면 … 68
비상 저감 조치 … 147
빅 데이터 … 171
뺑소니 … 59

ㅅ

사각지대 … 77
사기 … 36
사생활 … 85
사실무근 … 96
사재기 … 40
사칭하다 … 167
산사태 … 141
상한가 … 52
상환하다 … 35
서행 … 60
석권하다 … 87
선거 … 15
선전하다 … 108
선처 … 60
성과 … 44
성수기 … 53
성황리 … 99
소강상태 … 141
소비하다 … 40
소외 계층 … 75
소행 … 67
속도위반 … 60
속출하다 … 132
스몸비족 … 165
스팸 문자 … 167
승산 … 123
시청률 … 92
식상하다 … 92
신드롬 … 159

신승 … 109
신용 … 36
실감형 … 163
실시간 … 99
실추 … 95

ㅇ

아바타 … 159
아수라장 … 69
악성 … 155
악천후 … 132
안전 불감증 … 65
안정세 … 40
압수 … 72
에누리 … 49
여론 조사 … 29
여야 … 11
역전 … 111
연동하다 … 168
연봉 … 116
연애 … 83
연예 … 83
열대야 … 136
열세 … 111
열풍 … 89
영구 결번 … 115
영예 … 87
영입 … 116
예년 … 133
예능 … 91
오보 … 84
온난화 … 144
왕성하다 … 120
용의자 … 72
원격 … 68
원자재 … 48
유감 … 25
유권자 … 17
유망주 … 84
유치(하다) … 121
유포(되다) … 157

육박하다 … 135
융합하다 … 172
의혹 … 21
이미지 … 95
이적하다 … 116
익명 … 75
인건비 … 48
인공 지능 … 171
인기몰이 … 101
인상되다 … 47
인증 … 167
인프라 … 173
인플레이션 … 41
일교차 … 143
일사병 … 137
일확천금 … 52
임박 … 164
임차인 … 53

ㅈ

자가 격리 … 68
자산가 … 51
자율 주행 … 172
자제하다 … 148
자책골 … 112
잔류 … 121
잠재력 … 160
잠적 … 95
재기 … 96
재테크 … 43
저기압 … 145
저조하다 … 92
전격 … 13
절도 … 71
절호 … 112
접목하다 … 164
접전 … 113
정당하다 … 11
정정하다 … 84
조짐 … 136
주목하다 … 107

주식 … 51
주옥(같다) … 101
증강 현실 … 163
지상주의 … 107
지양하다 … 107
진보적 … 23
진화하다 … 63
진흙탕 싸움 … 21
질식하다 … 63
집중 호우 … 140
징계 … 124
징크스 … 125
찜통더위 … 137

ㅊ

차단하다 … 168
착오 … 72
찬사 … 108
체감 온도 … 135
체급 … 123
초래하다 … 24
추정하다 … 64
출마 … 15
출몰 … 67
출범 … 19
출시 … 164
출현 … 67
치명적 … 168
침수 … 140

ㅋ

쾌척하다 … 75
쾌청하다 … 148

ㅌ

타협 … 12
탐색전 … 123
통용되다 … 160
투자 … 44

투표하다 … 15
특종 … 83

ㅍ

판독 … 113
편성하다 … 91
폭등 … 39
폭리 … 49
폭설 … 131
품귀 현상 … 39
플랫폼 … 161

ㅎ

한류 … 88
한파 … 132
할부 … 39
합의 … 12
행각 … 71
허위 … 20
허점 … 124
현행범 … 59
협상 … 12
혼선 … 156
환절기 … 143
활성화 … 172
황금만능주의 … 109
황사 … 148
회담 … 27
후덥지근하다 … 135
후원자 … 76
흐지부지 … 13

말맛이 살고 글맛이 좋아지는
어맛! 뉴스 어휘 맛집

1판 1쇄 발행 2022년 3월 31일

글 　　　　배정진
그　　림 　나인완

펴 낸 이 　김유열
콘텐츠기획센터장 　류재호
북&렉처프로젝트팀장 　유규오
북　　팀 　박혜숙, 여운성, 장효순, 최재진
마 케 팅 　김효정, 최은영

책임편집 　홍 옥
디 자 인 　김수인
인　　쇄 　재능인쇄

펴 낸 곳 　한국교육방송공사(EBS)
출판신고 　2001년 1월 8일 제2017-000193호
주　　소 　경기도 고양시 일산동구 한류월드로 281
대표전화 　1588-1580
이메일 　ebsbooks@ebs.co.kr
홈페이지 　www.ebs.co.kr

I S B N 　978-89-547-6390-5 74700
　　　　　　978-89-547-5398-2 (세트)

ⓒ 2022, EBS·배정진·나인완

이 책은 저작권법에 따라 보호받는 저작물이므로 무단 전재 및 무단 복제를 금합니다.
파본은 구입처에서 교환해 드리며, 관련 법령에 따라 환불해 드립니다. 제품 훼손 시 환불이 불가능합니다.